日本社会保障丛书

日本社会救助

王海燕　焦培欣　编著

中国劳动社会保障出版社

图书在版编目(CIP)数据

日本社会救助 / 王海燕，焦培欣编著. --北京：中国劳动社会保障出版社，2022

(日本社会保障丛书)

ISBN 978-7-5167-5216-6

Ⅰ.①日… Ⅱ.①王… ②焦… Ⅲ.①社会救济-研究-日本 Ⅳ.①D731.37

中国版本图书馆 CIP 数据核字(2022)第 050833 号

中国劳动社会保障出版社出版发行

(北京市惠新东街 1 号 邮政编码：100029)

*

北京虎彩文化传播有限公司印刷装订 新华书店经销

787 毫米×1092 毫米 16 开本 13.5 印张 198 千字

2022 年 6 月第 1 版 2022 年 6 月第 1 次印刷

定价：58.00 元

读者服务部电话：(010) 64929211/84209101/64921644

营销中心电话：(010) 64962347

出版社网址：http://www.class.com.cn

日本社会保障丛书编委会

中国社会保障学会简介

中国社会保障学会是经国务院批准，民政部登记，由我国从事社会保障和相关领域的专家、学者及有关单位自愿结成的全国性、学术性、非营利性社会团体。中国社会保障学会的宗旨是团结全国相关领域专家、学者与专业人士，为健全社会保障、提升人民福祉、促进社会和谐发展贡献力量。

中国社会保障学会的四大使命：

促进理论繁荣；

助力改革与制度建设；

推动学科发展与人才培养；

参与国际学术交流。

为完成上述使命，学会采取如下行动方式：

组织全国性和国际性会议；

出版刊物，建立宣传平台；

组织开展专题调研活动和培训活动；

与政府部门、立法机关和社会组织、高校或研究机构进行合作。

中国社会保障学会出版物有：会刊《社会保障评论》（CSSCI 源刊）、《民生专报》（高端智库报告）等。

官方网站：www. caoss. org. cn

总　序

由沈洁教授牵头组织撰著的“日本社会保障丛书”即将由中国劳动社会保障出版社公开出版了，这是一项由多位留日华人学者共同完成的系统介绍、研究日本社会保障制度的重要成果。作为丛书的积极推动者，我对这一成果的问世表示由衷祝贺！

在中国社会保障改革与发展进程中，我一直主张“远学德国，近学日本”。原因是这两个国家分别是现代社会保障制度的起源国和亚洲最先建成完整社会保障体系的国家，不仅是在世界上有影响的工业强国，还是人均寿命最长且老龄化程度很高的大国。其中，德国于 1883—1889 年首创社会保险制度，被视为全球现代社会保障制度的开端并风靡世界，迄今已有 130 多年的历史并还在持续发展，这一客观事实表明德国是最值得关注的社会保险制度先行国家；日本是我国的近邻，也是亚洲先行的工业化国家和福利国家，历史上深受中华文化的影响，其社会保障制度及相关服务富含中华文化的元素。因此，对中国而言，德国与日本的社会保障制度较之其他国家更具借鉴价值。遗憾的是，我国社会保障学界对德国与日本的研究迄今仍显苍白。实践已经证明，历史不长的国外养老、医疗保险制度实践，如智利的个人账户制、欧美一些国家的机构养老模式等，并不一定具有足够的借鉴价值，不同文化背景下的社会福利及相关服务亦未必能够符合我国人民的需要。因此，我一直希望国内能够出版系统介绍、研究德国与日本两国社会保障制度的图书，中国社会保障学会作为全国社会保障及相关领域专家学者的联合体与学术共同体，将推动这项研究列为重要的工作任务，这次在沈洁教授和中国社会保障学会常务理事钟仁耀教授、吕学静教授等精心组织下，终于完成“日本社会保障丛书”编著任务并由中国劳动社会保障出版社出版，这应当是一个重要的突破。

我曾经多次访问日本并考察其社会保障制度，印象深刻的不仅有制度体系完备、法治水平高，还有其社会保障及相关服务尊重传统文化、注重家庭保障等特色。例如，日本的公共养老保险制度、医疗保障制度、护理保险制度均达到了很高水准，特别是养老服务立足社区，据需设置，多具有综合服务功能，在我考察过的一些养老机构中，老年公寓既可满足自理老年人需要，也可提供养老床位，还有托老所、临时寄养中心功能，一切皆以社区老年人的需要及其发展变化为依据，这显然是一条不同于欧美国家按照老年公寓、养老院舍、托老所、临时寄养中心等不同功能分割设置的发展之路。日本的儿童福利制度亦注重家庭功能，社会救助制度反贫困效果良好，等等。所有这些，我认为均值得中国认真学习、借鉴。

即将摆在读者面前的“日本社会保障丛书”，涵盖了日本的公共养老保险、医疗保障、护理保险、社会救助、社会福利、儿童福利六个领域。其中，于洋、刘晓梅编著的《日本公共养老保险》一书全面、系统地介绍了日本公共养老保险制度的发展史与现状、筹资方式、给付水平、财政状况、基金运营与经办管理情况，分析了当前存在的主要问题与改革方向，对企业养老保险与商业养老保险制度亦做了描述。李莲花编著的《日本医疗保障》一书全面、系统地介绍了日本医疗保障制度的框架与历史沿革，解析了日本医疗保险的财政、医保支付、医疗服务提供、药价基准制度以及医保经办与监管。张继元、王桥编著的《日本护理保险》一书全面、系统地介绍了日本护理保险制度的起源与发展历程，解析了日本护理保险制度的规划机制、监管体系、机构护理服务、居家护理服务、安宁疗护服务，以及护理等级评估标准、法律依据与流程规范、护理报酬标准及其实践。王海燕、焦培欣编著的《日本社会救助》一书全面、系统地介绍了日本社会救助制度的历史沿革及秉持理念与基本原理，解析了日本社会救助制度的具体实施、标准制定、政府管理和介护救助，以及最新动态。沈洁编著的《日本社会福利》一书全面、系统地介绍了日本社会福利制度的法律体系、福利人才培养与人力资源配置、社会福利服务供给，解析了日本老年人福利、儿童福利、残疾人福利、女性福利和社区福利、保健福利等相关制度安排和实践情况。蔡泽昊编著的《日本儿童福利》一书全面、系统地介绍了日本儿童福利制度的历史沿革、框架与建制理念，解析了日本儿童福利制度的实施机制、特殊福利需求、家庭政策和运行机制，以及托幼服务、儿童医疗和儿童福利专业人才队伍建设。毫无疑问，这套丛书提供了全景式的日本社会保障制度及其实践图景。

除了全面性、系统性，“日本社会保障丛书”还具有三大特点。一是客观性。各书的作者主要基于事实来阐述日本各项社会保障制度及其实践，较少带有以往基于作者个人价值取向或判断的主观性，因而更能够让我们看到原汁原味的日本社会保障制度的真实面貌。二是实践性。每本书虽然涉及理念、原理、历史沿革等内容，但更着力于相关制度的具体实践与操作规范，通过全书可以看到日本社会保障制度在实践中的真实运行情况，这恰恰是我国社会保障体系建设中长期被忽略却又须从现在起高度重视的大问题。三是作者队伍的特殊性。丛书的作者均是留学日本后留在日本执教或归国执教的高校教师，既了解中国，更对日本社会保障有深入研究，这使丛书能够避免以往守在中国研究外国或只站在外国立场介绍外国的不足，进而可以更好地满足中国读者的需要。这些鲜明的特点，决定了丛书的独特价值。

感谢沈洁教授为组织编著“日本社会保障丛书”付出的巨大心血，她多年来一直积极推动中日之间的社会保障学术交流，更带动了一批留日华人学者研究日本、助力中国社会保障改革与制度建设，为留日华人学者树立了很好的榜样！

感谢丛书编委会成员与各位作者，为中国读者提供了全面了解日本社会保障制度的权威读本！

感谢中国劳动社会保障出版社积极支持中国社会保障学会推进日本社会保障研究工作，并为丛书出版提供直接的帮助！

中国社会保障学会会长　郑功成

2021 年 5 月于北京

编 者 序

在武汉深陷新冠肺炎疫情的困难时刻，日本众多的民间团体和个人及时赠送医疗物资，并附上“山川异域，风月同天”等蕴涵浓重东亚文化的典雅章句，传送邻邦互助之情谊。这则古语起源于唐代高僧鉴真大师历经重重艰辛东渡日本，开启了中日文化交流通道的故事，当时力主对华友好的日本主流派，动用全日本的绣衣工匠精心制作了1 000件袈裟，每件袈裟刺绣上这八个字，以示中日唇齿相依的邻邦情结。

中日文化交流不仅历史久远，且涉及领域广泛。即便是在社会保障领域的交流中，也留下了丰富的画页。公元757年，日本参考中国律令制度颁布《养老律令》，其中“户令”中所具体规定的灾荒救济以及减免税赋等条例，就是模仿中国古代救灾条例与“户令”的法定约束力并一直沿袭到明治维新，是日本最早也是历时最长的社会救济法令。此外，日本借“大化革新”之际，将中国的义仓、社仓等仓储制度引进日本并推广普及。一直到社会制度巨变的明治维新之后，尚有不少地区仍保留着互助互济的仓储制度。

在中国社会保障从传统走向近代的过程中，日本又在中西文化交流中起到了重要的桥梁作用。明治维新之后，日本对近代国家体制下的社会救济和劳工政策的探索被留日学生积极介绍到中国。昭和初期日本颁布具有社会转型意义的救护法，首次明确了国家对生活穷困者实施救济的义务和公民权利。此法颁布实施之后，留日学生就开始不断地将其介绍到中国，为促成颁布（旧）《生活保护法》（1943年）做了舆论宣传准备。在人类社会进入数字化时代的当代，有关日本护理保险和儿童福利制度的实施经验，也很快被传递到国内，为学者和政策决策者思考解决我国出现的老龄化、少子化问题提供借鉴。而在上述过程中，留日学人作为文化交流的使者，为搭建社会保障领域的中日交流桥梁发挥了不容忽视的作用。

参与这套“日本社会保障丛书”执笔的作者，均是在日本系统接受过社会保障相关专业训练的留日学人，其中有学成回国在各个大学的执教者，也有侨居日本在大学教坛的传道解惑人。我本人也侨居日本 30 余年，虽然主要精力投入日本大学讲坛，但内心始终不能忘却要为国内社会保障发展尽微薄之力的念想。相信参与本丛书编写的各位留日学人，大多都怀有同样的心境和社会责任感，才接下了中日交流使者的接力棒。也正是有了这样“故国之情”的代代传递，使得中日之间的文化交流能够战胜种种逆境而延绵不断，成为构筑未来东亚文化共同体的源远流长的动势。

这套丛书涉及了日本公共养老保险、医疗保障、护理保险、社会救助、社会福利、儿童福利六个领域，每个制度领域独立成册。在完整、系统地考察各个领域的独立体系的同时，还注重厘清各项制度领域之间的衔接和互动关系，把社会保障制度视为环环相扣、运转灵活的生活安全网络，可以让读者全方位去理解日本的社会保障在保护国民生活安全上的功能和效率以及存在的障碍。

貌不惊人的“他山之石”，有时也可以为雕琢中国社会保障制度的改革和完善这块“璞玉”提供意想不到的借鉴和助力。本丛书执笔作者为了给读者提供深度考察日本的最佳视角，在编写过程中还在四个方面做了精心的设计和安排。第一，原汁原味地展现日本社会保障制度风貌，将作者的主观评价减缩到最小范围，以期待读者从精心提炼的素材中汲取、丰富和重构自身的知识空间。第二，以日本社会保障制度结构性改革为主线，把分析的视角聚焦在 20 世纪 80 年代初期改革、20 世纪末 21 世纪初的中期改革、当下的深化改革等几个发展阶段。同时，对各个时期的改革背景、改革内容、改革绩效给予翔实的解析，试图给我国社会保障制度的改革提供一个可资参考的清晰脉络和思路。第三，质性研究和量化研究的兼容并蓄，既重视制度政策框架层次的分析，又不失通过融入系统的量化数据以检验政策推进过程和政策效果。第四，为弥补迄今在日本社会保障研究领域中重视宏观制度而忽视微观实操和经办等具体制度研究的缺失，故在每个专题中都安排了一定的篇幅介绍操作规范和微观制度的安排。

固然，本丛书虽然力图体现上述的各项独自特征，但是由于时间和条件的限制，在对日本社会保障制度给予理论性批判和理论层次的重构等方面，还存在着力度不足的缺憾，有待于我们今后的研究加以弥补。

中国社会保障学会会长郑功成教授倡导社会保障需要“远学德国，近学日本”，融汇东西方精髓的思路，并推动本丛书朝着这一大视野方向推进，多次对本丛书的编写提供了建设性意见。华东师范大学钟仁耀教授、首都经济贸易大学吕学静教授在编者队伍组建、丛书构想等各个环节上提供了多方帮助和支持；张继元讲师在负责护理保险专题编著的同时，还具体承担了丛书参编人员的联络协调、专业术语的翻译和校订等大量的工作，对此均深表衷心的谢意。最后还要感谢中国劳动社会保障出版社为编辑丛书所付出的辛勤劳动。

沈 洁

2021 年 3 月吉日于东京喜多斋

前　言

日本的社会救助也被称为公共扶助（Public Assistance），是指国家与社会向贫困人口与不幸者提供款物接济和机构收容的生活保障制度。社会救助制度是以生活在贫困线以下的贫困人口为救助对象，由政府提供财政支持，并向救助对象提供生存保障，是具有兜底性质的社会保障制度。

日本宪法规定，政府要对全体国民提供“生存权”保障。基于此，1950 年，日本颁布并实施的（新）《生活保护法》（日文《生活保護法》，相当于我国的《社会救助法》），是日本建立社会救助制度的重要标志。《生活保护法》规定，国家有责任对所有生活处于贫困状态的国民，根据其贫困程度提供最低生活保障，社会救助的目的是帮助贫困人口自立生活。即社会救助制度不仅是保障贫困人口最低生活水平的生活保障制度，也是积极促进贫困人口自立生活的社会保障制度。开展社会救助是政府的责任与义务，获得社会救助是受助者的权利，目的是帮助贫困的社会弱势群体摆脱生存危机，以维护社会秩序的稳定。

本书旨在系统地介绍日本社会救助的基本原理、基本原则、救助标准及社会救助体系，围绕日本《生活保护法》及实施办法，介绍了日本社会救助实施现状，特别是针对社会救助的核心制度即生活救助，以及教育救助、住房救助、医疗救助、护理救助、生育救助、就业救助、丧葬救助等专项救助为补充的社会救助体系，并对救助标准、救助的条件及救助内容等作了系统的梳理，重点对专项救助中的生活救助、医疗救助、护理救助等救助内容作了详细的解读和分析。

过去 70 年，日本社会经历了高速成长期、泡沫经济期、经济停滞期、少子化老龄化等经济社会的剧变，但从 1950 年发布并实施的《生活保护法》一直到 2013 年都没进行过大的改革，尽管 2013 年和 2018 年有过部分调整，但总体内容变化并不大。不得不说，社会救助制度是一个制度的“奇迹”，这也说明了该制度具有先进性和前瞻性。此外，进入 21 世纪后，由于日本社会的贫困问题再度深化，特别是出现了贫困边缘群体的各类问题，政府在缩减财政支出的前提下，又探索着诸多的反贫困对策。因此，本书在对日本社会救助体系作系统梳理后，在第九章增加了日本当代反贫困政策制定思路及实施现状分析，以此期待着对我国的反贫困对策有所启示。

本书由以下九章内容构成。

第一章日本社会救助概述，描述性地介绍了日本社会救助的基本内涵及社会救助的基本方式，简要概括了社会救助的生存保障、自立援助、平等救助、最低保障、差额救助等原理。此外，对社会救助的具体实施从救助的原则、救助的主体、救助的种类等作了简要梳理。

第二章日本社会救助的历史沿革，重点介绍了日本 1950 年发布的（新）《生活保护法》的制定与发展历程，以及旧《生活保护法》的区别、社会救助制度在 2013 年和 2018 年改革的主要内容。

第三章日本社会救助的原理，主要对日本社会救助的基本原则、救助标准及管理办法等作了详细的解读。

第四章日本社会救助的实施，具体解读了社会救助体系的内容和方法，并分别就专项救助体系中八类救助的认定条件、认定办法、认定标准，申请救助的程序，以及家计调查和专项救助的各种增额计算方法等内容进行讲解。

第五章日本社会救助的标准，分别解读了生活救助中各类救助标准的制定和判断方法。

第六章日本社会救助的管理体系，具体解读了日本社会救助的行政管理体系、政府的监管体制、社会救助的实施现状。此外，还重点从财政来源、财政压力的角度，探讨了中央政府和地方政府的救助资金的责任分配问题。

第七章医疗救助的实施，主要对医疗救助的内容作了系统解读，包括医疗救助的管理模式与管理体系、医疗救助的服务与监管、精神病患者的医疗救助的实施方法。

第八章护理救助的实施，主要对护理救助内容做了系统解读，分析了护理救助的基本结构及其特点，解读了护理救助的管理体制、救助方法、救助对象的信息管理、服务与监管等内容。

第九章日本社会救助及反贫困政策的最新动态，重点介绍了 2000 年以后日本的反贫困政策。主要回顾并分析了日本各个发展阶段实施的贫困政策，介绍了以 2000 年以后日本政府对有劳动能力的中青年人实施的就业援助做了详细解读，最后，探讨了解决儿童贫困问题的对策，提出了以服务援助为主的对策建议。

本书由“日本社会保障丛书”编委会策划，五位曾经或正在日本工作、学习的学者负责编写，按章节顺序具体分工如下：

王海燕，沈阳师范大学管理学院教授，负责第一章、第三章、第四章的撰写，以及全书的统稿、修改和部分章节的补充及全书校改；

焦培欣，天津财经大学财税与公共管理学院教授，负责第二章、第五章的撰写以及全书校改；

朱　珉，日本千叶商科大学商经学部教授，负责第六章、第九章的撰写；

李　宣，沈阳师范大学管理学院讲师，负责第七章的撰写，提供了部分章节的原始数据，以及《生活保护法》部分内容的翻译；

余乾生，日本横滨国立大学国际社会科学院社会保障法专业博士，负责第八章的撰写，以及日中用语对照表的制作。

编　者

2021 年 1 月 24 日

目　录

第一章　日本社会救助概述

针对那些因年老或伤残而导致家庭收入减少、因家庭主要劳动力死亡导致收入中断等现象，日本政府一般会通过养老金、残障年金、遗属年金等制度来提供生活保障。但总有一些无法获得这些生活保障的人口，往往需要政府提供兜底的社会保障制度，即社会救助制度来提供生存性保障。

与社会保险制度不同的是，社会救助制度是针对生活在贫困线以下的贫困人口，实施的由政府财政支持的救助制度；社会救助资金由中央和地方政府财政全额负担，中央财政负担 3/4，地方财政负担 1/4。地方财政负担的情况为：农村地区由都道府县财政全额负担；城区由市级财政全额负担。

日本社会救助的目的是按照日本《宪法》第 25 条规定的基于生存权保障的理念，即国家应积极地通过制度来确定政府是保障国民最低生活保障的主体责任者。社会救助制度不仅是保障贫困人口的最低生活水平，还是一种积极地促进贫困人口生活自立的社会保障制度。

第一节　日本社会救助的含义

一、日本社会救助制度的内涵

日本设立了由年金保险、健康保险、雇佣保险、残障保险、护理保险等共同构成的社会保险制度、社会救助制度，以及由儿童津贴、儿童抚养津贴等构成的社会津贴制度，由保健和传染病预防等构成的公共卫生制度，由福祉机构、居家照顾等构成的社会福祉制度，共同构成了日本的社会保障制度，并已经成为支撑日本国民日常生活不可或缺的制度。其中，社会救助制度主要是以贫困人口为保障对象，由中央和地方政府的财政出资提供的最低限度的生活保障制度。

由于各国的国情不同，社会救助的名称也各不相同。例如，美国称其为公共扶助（national assistance）；德国称其为社会救助（soziaihilfe），日本称其为“生活保護”，我国称其为社会救助。

各国制度的共同特征主要体现在：一是受保障的对象都是贫困人口；二是保障的水平都是维持最低限度的生活水平；三是提供保障的条件，一般是要对申请者的个人需要和家计情况进行资格审查；四是保障资金由财政转移支付；五是社会救助制度是社会保障制度的兜底制度，起着“安全网”的作用。

日本社会救助的责任主体是政府，救助工作由各级政府负责具体实施。地方政府中，市长具体负责落实该市贫困人口享有最低生活保障，町村则由都道府县①的知事负责落实辖区的社会救助政策，具体的工作由各地的福祉事务所②承担。政府提供的救助资金由国家财政和地方财政按比例负担。

二、日本社会救助的目的

日本的《生活保护法》是国家对处于要保护状态的国民提供的以最低生活保障为目的的制度，从国民的角度看就是对生存权的保障。《生活保护法》制定的目的就是保障国民享有最低生活水平，以促成其生活自立能力的增长。

日本1946年颁布实施的（旧）《生活保护法》中明确规定，所有贫困群体

---

① 都道府县是日本的行政划分单位，都为东京都，道为北海道，府为大阪府，县为日本的各大县，如神奈川县、千叶县等相当于中国的省级单位。

② 福祉事务所是指日本《社会福祉法》第14条中的与福祉相关的事务所，负责管理日本“福祉六法”（《生活保护法》《儿童福祉法》《母子及寡妇福祉法》《老年人福祉法》《残疾人福祉法》《智障者福祉法》）中，从事与“援助”“育成”“回归”等相关的工作。福祉事务所是社会福祉最前沿的政府机构，在都道府县及市必须设立，町村选择设立。现在日本一共有1 250个福祉事务所，其中都道府县设立了206个，市（包括特别区）设立了999个，町村设立了45个。参考：日本厚生劳动省. 福祉事务所［EB/OL］.［2020－02－29］https：//www. mhlw. go. jp/stf/seisakunitsuite/bunya/hukushi _ kaigo/seikatsuhogo/fukusijimusyo/index. html. 另外，都道府县设立的福祉事务所管理郡（地域）的福祉工作，市町村设立的福祉事务所管理市町村的福祉工作。参考：内阁府男女共同参划局. 咨询机构一览，生活援助咨询窗口［EB/OL］.［2020－02－29］http：//www. gender. go. jp/policy/no_ violence/e-vaw/soudankikan/07. html.

无论因何种原因致贫，只要其生活水平处于贫困线以下，都有权利根据其贫困程度由国家提供必要的社会救助，以满足其最低生活的需求。

日本社会救助的目的是对那些即便用尽所有的财产和所具备的能力都不能令其摆脱贫困状态者实施的保护措施，以此使贫困人口能够通过受助来维系自身生活。日本实施救助的前提条件是要将家庭所有财产及收入能力等进行折算，即将房地产、私家车、存款等财产及劳动能力均要先行折算成家庭收入，养老金、社会津贴等社会保障的待遇给付、扶养人的扶养责任等也是是否符合救助条件的判断标准。具体做法一般是在申请救助时进行家计调查，其内容包括：该家庭是否有存款、养老金、社会津贴，是否有伤残人员，家庭成员是否具有劳动能力，扶养人是否有扶养能力等。符合接受救助的条件，该家庭方可申请救助，即便接受救助后也须按要求提交上述材料。一般依据日本厚生劳动大臣确定的标准计算出的最低生活费与申请救助家庭收入之间的差额作为救助金支付给受助家庭，即差额救助。

此外，日本社会救助为了让救助对象在经过救助后，能够促进其获得独立生活的能力，会通过每月一次的家庭访问，经办人员（也称社会福祉主管）要对救助对象进行就业指导，福祉事务所和职业介绍所展开协同合作，强化福祉事务所对受助者的就业援助。

三、日本社会救助的对象

日本社会救助的对象是现实社会中处于生活困窘状态的人口，这些贫困人口即便依靠个人努力也难以维系日常生活时，需要由政府对其提供必要的最低限度的生活保障。也就是说，任何人都难以避免可能会遭遇的各类“生活中的意外事故”。《生活保护法》就是将处于贫困状态的所有国民作为保障对象，而不是从开始就以特定的贫困人口或贫困阶层为救助对象。因此，社会救助与其说是将受助者①作为

① 《生活保护法》中规定了受助者，也翻译成“要保护者或要救助者”和“被救助者或受助者”。要救助者是指处于需要救助状态的人，不论是否获得到救助（《生活保护法》第6条第2款），而受助者或者被救助者是指正在接受救助的人（《生活保护法》第6条第1款）。要救助者通过申请（《生活保护法》第7条），提交规定的申请材料（《生活保护法》第24条第1款、第2款），经过救助的实施部门审查通过（《生活保护法》第24条第3~8款、第10款）之后可成为受助者，也称被救助者。另外，在紧急情况下救助的实施部门应依职权对要救助者开始救助（《生活保护法》第25条第1款、第3款）。本书为了统一表达便于理解，将“被救助者和受助者”统称为“受助者”，将“要保护者或要救助者”统称为“（需）要救助者”。

特定的保障对象，不如说是将处于需要救助状态的人口作为保护对象。

对那些没有固定收入来源、靠打零工维持生活的人，一般是通过法律程序确定最低工资收入水平，以保障其维系基本生活，但这类人口并不是《生活保护法》要保障的对象。

第二节　日本社会救助的条件

一、日本社会救助的基本方针

关于社会救助的四条基本方针，体现在日本《生活保护法》的第 1 条到第 4 条规定中：政府是最低生活保障的责任主体（第 1 条），社会救助的申请是无差别式的平等的（第 2 条），提供健康且文明的最低生活保障（第 3 条），实施差额式救助（第 4 条）。上述规定是基本方针，法律解释及实施都必须依托于这四条方针，不允许有与其相反的解释与实施的存在。无论是谁，一旦违反这四条方针就会受到法律法规的审判和行政制裁，也会导致社会救助的无效或受助资格被取消。

日本社会救助的具体原则有：申请救助的原则（《生活保护法》第 7 条）、保障标准及适度保障的原则（《生活保护法》第 8 条）、需求对应的原则（《生活保护法》第 9 条）、以家庭为单位实施保障的原则（《生活保护法》第 10 条）。这四项原则需要在社会救助的实施工作中体现，当然，在具体实施过程中也有与基本原则不符的特例存在。

二、日本社会救助的条件

《生活保护法》第 1 条就规定了社会救助的救助对象、救助水平及救助目的，还规定了政府对贫困人口有提供救助的义务，并有帮助受助者通过救助实现未来生活自立的义务。

日本《宪法》第 25 条第 1 款还规定，所有国民拥有健康且文明地享有最低限度生活水平的权利，这一项规定就明确了国家要承担对贫困人口提供“生存权”的保障责任。《宪法》规定的“所有国民”指的是拥有日本国籍的国民，也就是说《生活保护法》中明确规定外国人不能得到救助。2014 年 7 月 18 日日本最高法院也判定，外国人（但不包含取得永久居住资格的外国人）不是《生活保护法》救助的对象，不能成为《生活保护法》的受助人口。

获得社会救助除满足国籍条件外，还要满足：一是拥有申请权并且没有提交申请救助的，或遇到突发性事件的；二是处于需要救助的状态的；三是要救助的对象，其财产、个人能力及所有可利用的财产，均不能保障其维持基本生活的。此外，还规定扶养人没有承担扶养义务，要救助者也可以申请社会救助。

第三节　日本社会救助的内容

一、日本社会救助的种类

日本《生活保护法》（第 12 条至第 18 条）规定社会救助的种类有：生活、教育、住房、医疗、护理、生育、就业、丧葬等八项救助。实际上，为了与救助者的需求相对应，一般可以享受下列八项种类中的一项（专项救助）或多项救助：

生活救助（第 12 条），主要是支付衣服、食物及光、热、水、电费等费用；

教育救助（第 13 条），主要是支付接受义务教育需要的费用；

住房救助（第 14 条），主要是支付租房及房屋修缮等费用；

医疗救助（第 15 条第 1 项），主要是支付医疗及受伤时的治疗费用；

护理救助（第 15 条第 2 项），主要是支付受助者接受护理服务等的费用；

生育救助（第 16 条），主要是支付孕妇分娩时发生的相关费用；

就业救助（第 17 条），主要是提供职业介绍及支付就业技能培训等的费用；

丧葬救助（第 18 条），主要是提供办理丧葬时发生的费用。

上述八项专项救助中，除了医疗救助和护理救助，其他的救助原则上都是采用提供现金救助的方式，但特殊情况下也有提供实物救助的方式，如在生活救助中也有提供寝具的实物给付。

医疗救助和护理救助，原则上是以实物给付的方式进行，但也有例外。在给予实物救助不妥当的情况下，为达到救助的目的，也可以提供现金救助，如往返医院诊疗时需要的交通费就不能提供实物救助，必须提供现金救助。

上述救助都是针对因贫困导致生活水平处于贫困状态的家庭提供的救助，所有的救助均要按《生活保护法》规定的内容实施，不得超越。其中，护理救助是在日本《护理保险法》[①] 实施后《生活保护法》相应增加的内容。这里护理救助的方式，既可以是单项救助，也可以是多项救助，其救助的标准是根据各地区的具体成本来确定。日本全国分为 1、2、3 级地区，每一级地区再按两个级别进行划分，共划分成六个级别的救助标准，但救助的种类也有不按上述级别制定标准的，会结合本地区的实际情况，按生活的实际需求来适当调整救助标准。

关于生活救助的标准，基本是按日常生活的费用进行测算的，即以日常生活所需要的衣食为中心的生活费用是否得到满足为条件进行测算。各地区基本是按照该地区的地域级别，并按现金给付的原则进行给付，但也有实物给付的情况。还有，救助基本上采取居家救助的原则，但当受助者难以维持日常生活的情况下，也可以通过入住救助机构来实施救助。最低生活费=基本生活费（第 1 类+第 2 类）+各类增额（老年人、孕妇、单亲母子家庭、残疾人、居家患者、核辐射致残者、儿童养育）+临时救助+年终临时救助+移送费。关于最低生活费的构成如图 1-1 所示。

关于生活救助准则，主要分为第 1 类（个人生活费）和第 2 类（家庭生活费），再加上其他各类救助（如老年人、孕妇、单亲母子家庭、残疾人、居家患者、核辐射致残者、儿童养育）进行增额调整，必要的情况下可以支付临时救助金。然而，对那些已经就业的受助者，出于促进其劳动意愿的增强和自立的目的，也可以对应其获得的收入，在税金缴纳时减免一定额度。

关于教育救助的准则，主要是对涉及义务教育阶段必备的教材等学杂用品、

① 日本的《护理保险法》是 1997 年制定，2000 年 4 月 1 日开始实施的。

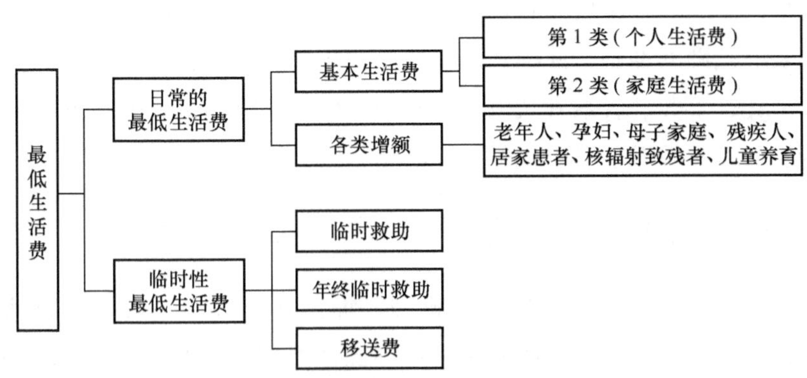

图 1-1　居家受助者的最低生活费构成

校内餐食等提供救助，这类救助一般不分地区，全国实行统一的标准。

关于住房救助的准则，一般是向受助家庭提供住房修缮、危房改造等费用，救助的准则是以受助者能够居家生活为目的而支付的住房救助金。一般的标准是支付房租、地租以及房屋的维修费、危房改造费等。住房救助对没有住房的受助者提供住房是极为例外的，这种情况下，一般的做法是安排受助者入住救助机构。

关于医疗救助的准则，一般是向受助者发放医疗券，由厚生劳动大臣或知事指定的医疗服务机构，实施以提供必要的医疗服务所需要的诊疗费、药费、治疗材料的给付、医疗的处置费、手术费、住院费、看护费、诊疗时发生的交通费等。

关于护理救助的准则，一般是对不适用护理保险，但又需要身体护理及生活援助的受助者，提供与护理保险同样待遇的护理服务。例外的情况下，也可以实施现金给付。

关于生育救助的准则，一般是对产妇分娩时的援助，主要是在产妇分娩前后提供医疗处置，以及脱脂棉、纱布等卫生材料的给付，原则上是现金给付。例外的情况下，也实施实物给付。

关于就业救助的准则，此类救助不仅是对生活处于困窘状态的受助者提供救助，也对那些有可能处于生活困窘状态的人提供救助。对其提供救助，旨在本着预防贫困并促进其生活自立的原则，是政府实施积极地援助政策的具体体现。所实施的救助，是提供其就业所需要的资金、为技能提升等进行必要的培训所需要的费用，原则上是现金给付，货币支付不便的情况下，也可以实施实物给付。

关于丧葬救助的准则，此类救助是受助者死亡的时候，对死者举行葬礼、搬运尸体、火化、下葬、收纳骨灰以及其他丧葬仪式等提供必要的救助，一般以现金给付为主，特殊情况也可以提供实物给付。

二、日本救助机构的类型

日本《生活保护法》所指的救助机构，包含救护机构、更生保护机构、医疗救助机构、职业介绍所、住所提供机构等五种类型（《生活保护法》第38条至第48条）。一般来讲，能够设置救助机构的仅仅限于都道府县、市町村以及地方独立行政法人、社会福祉法人、日本的红十字会等。

救护机构主要是指因身体上或精神上有显著障碍的要救助者，因独自维系日常生活较为困难，安排其入住并以提供生活救助为目的的收容救助机构。

更生保护机构主要是指因身体上或精神上有显著障碍的要救助者，安排其入住机构进行救助及提供生活指导，并以提供生活救助为目的的收容救助机构。

医疗救助机构主要是指因经常需要医疗服务的受助者，以对其提供医疗给付为目的的医疗服务机构。

职业介绍所主要是指因身体、精神或家庭原因导致就业能力受限的受助者，为促进其就业提供的技能培训以及助力其就业，使其能够独自维持生计的机构。

住所提供机构主要是对那些居无定所、需要居所的贫困者，提供居住地，以住房救助为目的的机构。

上述救助机构必须是由厚生劳动大臣指定的，处于最低标准以上的救助机构。救助机构一般由都道府县、市町村、社会福祉法人及日本红十字会来设置，知事要对救助机构进行必要的指导，并发布提高救助水平的指令及进行监督管理。

由此可见，日本《生活保护法》作为对贫困人口的救助制度，起着维护社会安全的兜底作用。社会救助通过实施最低限度的生活保障，使生活保障的责任完全由政府承担，并由政府相关部门来具体实施，充分体现了尊重生命、重视人权、平等救助、最低生活保障的社会救助理念。

三、日本社会救助的内容

日本社会救助的内容，详见日本《生活保护法》的第3章。

（一）生活救助

生活救助是对因贫困导致不能维持其最低限度生活的群体，在下列各项的范围内进行救助，详见《生活保护法》第12条规定：

（1）衣食等满足日常生活所需的必需品；

（2）移送费。

（二）教育救助

教育救助是对因贫困不能维持最低限度生活的群体，在下列各项的范围内进行救助，详见《生活保护法》第13条规定：

（1）义务教育所必需的教科书等学习用品；

（2）与义务教育相关，必需的学习用品；

（3）学校膳食等义务教育所必需的用品。

教育救助由于仅限于支付义务教育所需要的费用，在高中阶段就学的费用，救助主要支付的是选择就业时发生的技能培训费。

（三）住房救助

住房救助是对因贫困不能维持最低限度生活的群体，在下列各项的范围内进行救助，详见《生活保护法》第14条规定：

（1）居住费；

（2）修缮等住宅维护所必需的费用。

（四）医疗救助

医疗救助是对因贫困不能维持最低限度生活的群体，在下列各项的范围内进行救助，详见《生活保护法》第15条规定：

（1）诊疗费；

（2）药剂或医用材料费；

（3）医疗处置、手术和其他的治疗费；

（4）居家的疗养管理及其与疗养相关的照顾和其他的护理；

（5）在医院或诊所的住院及其与治疗相关的照顾和其他的护理费；

（6）移送费。

（五）护理救助

护理救助是对因贫困难以维持最低限度生活的需要护理者（通过第 1 项到第 4 项、第 9 项所规定范围内进行救助）、对因贫困难以维持最低限度生活的需要援助者（在第 5 项到第 9 项所规定范围内进行救助）、对因贫困难以维持最低限度生活的居家需要援助的被保险者等（在第 8 项和第 9 项所规定范围内进行救助），详见《生活保护法》第 15 条第 2 款规定：

（1）居家护理（仅限于居家护理援助计划所涉及的内容）；

（2）福祉用具费；

（3）住房改造费；

（4）机构护理费；

（5）护理预防费（仅限于护理预防援助计划所涉及的内容）；

（6）护理预防福祉用具费；

（7）护理预防住房改造费；

（8）护理预防、日常生活援助费（仅限于护理预防援助事业中援助相当的救助所涉及的内容）；

（9）移送费。

（六）生育救助

生育救助是对因贫困不能维持最低限度生活的群体，在下列各项的范围内进行救助，详见《生活保护法》第 16 条：

（1）分娩照护；

（2）分娩前后的处置；

（3）脱脂棉、纱布及其他卫生材料。

（七）就业救助

就业救助是对因贫困不能维持最低限度生活，或有这种可能的群体，在下列各项的范围内进行，但限于有现实可能使其收入增加或帮助其自立的情形下才可以进行救助，详见《生活保护法》第 17 条规定：

（1）维持生计所必需的资金、器具或材料费；

（2）维持生计所必需的技能学习费；①

（3）就业所必需的用品费。②

（八）丧葬救助

丧葬救助是对因贫困不能维持最低限度生活的群体，在下列各项的范围内进行救助，日本《生活保护法》第18条：

（1）尸检费；③

（2）尸体搬运费；

（3）火葬或土葬费；

（4）骨灰安置及其他丧葬所必需的费用。

在下列情形中代办理丧葬的，对其可进行前款规定的丧葬救助：

（1）被救助者死亡，没有办理其丧葬的扶养义务人；

（2）死者没有办理其丧葬的扶养义务人，以其遗留的货币和物品不能支付办理丧葬所必需的费用的情况下，也可获得救助。

第四节　日本社会救助的方式

一、救助的资格审查

一般来讲，在提供社会救助给付之前，需要先行确认申请救助对象是否处于贫困的状态，为确认其需要何种程度的救助，需要对申请者进行家庭的财产调查。为避免处于贫困状态的贫困者因碍于个人隐私而不主动申请救助，日本政府规定，因养老金不足而需要救助的老年人，要有能够替代收入调查的差额式救助方法。

---

① 含高中就读或职业学校的费用。

② 就业时购置西服、鞋子及其他费用。

③ 未经诊疗死亡时医生确诊的费用。

众所周知，社会保险待遇的给付对象，多为因失业导致收入中断，而获得失业保险待遇的群体，以及中老年人因离职或退休导致经济收入来源丧失等，可获得退职金或退休金待遇的群体。社会救助的对象，多是因“生活的意外事故”导致生活落入贫困状态，由于每个需要救助的个体情况各不相同，提供救助的类型也不同。因此，对需要救助的对象，要根据其提交救助的申请内容，按需提供救助。一般来讲，对贫困者提供救助的前提是救助资金能促进其技能提升，能令其维系生活自立，对其生活不足的部分，通过差额救助的方式使其获得最低限度的生活保障。

二、日本社会救助的资金

对陷入贫困状态的国民，提供社会救助被认为是政府的责任与义务，在日本被称为是“社会救助责任意识”。其实，社会救助的前身是济贫制度和近代的社会救济制度，社会救助的资金来源是政府利用税收获得的财政收入，通过财政的转移支付方式再支付给需要救助的贫困人口。社会救助与社会保险不同的是，社会保险是需要个人缴费才能获得保障，而社会救助对象不需要缴纳费用的，申请救助者只要符合保障条件，即可由财政资金支付救助金。

三、日本社会救助的本质

日本社会救助的基本理念是对生存权利的保障，是对处于生活困窘状态的国民，根据其困窘的程度，通过提供必要的最低限度的生活保障，进而达到帮助受助者生活自立的目的。《生活保护法》运用的是“救助请求权的无差别式平等”“生活保障的最低限度”“差额式救助”等基本原理，在实施过程中遵守“申请救助”“最低标准”“适度救助”“家庭救助”的原则。受助者获得救助资格的条件是申请者的家庭必须接受家庭财产调查，即家计调查，受助者还要处于即便靠自立依然不能维持基本生活需要的状态，其不足的费用则通过财政的转移支付进行补足。

日本社会救助所需要的资金是由政府承担的。增设了提供适合救助对象个性需求的专项救助项目，使申请救助的人数不断增加，也导致了日本财政支出的持续上升。社会救助是由最低生活保障和专项救助等制度构成，往往被称为广义的社会救助。日本也常把社会救助划归到社会津贴制度体系当中，社会津贴救助的重点是对单亲母子家庭和父亲重度残疾家庭的子女养育提供儿童抚养津贴，对重度残疾人提供特殊残疾津贴、福祉年金。[①] 这些社会津贴的发放，也需要有家庭收入的条件限定，其获得救助的前提条件是要进行家计调查，并有针对性地支付给那些有特定需要的人。

另外，更为广义的社会救助还包括生活福祉资金贷款制度、公营住宅制度，以及残疾人福祉法规定的辅助用具的发放、结核病预防等法律法规的制度。

四、日本社会救助的特点

（一）选择性

日本社会救助实施的是差额救助，作为安全网具有社会保障兜底的作用。它与社会保险制度不同的是，受助者不需要先行缴纳投保费用，但申请救助后政府需要进行家计调查，根据《生活保护法》规定的给付内容和给付标准，实施救助的管理部门具有裁量权，管理部门需要在预先设定的保障标准范围内，对申请救助者进行收入和财产调查，对未达到最低生活标准的家庭提供差额救助，这种救助的方式也被称为选择式救助。

（二）公平性

应该说，社会救助作为救贫制度，通过进行家计调查，对获得救助资格的贫困人口实施差额救助、最低生活保障、无差别的平等救助，说明《生活保护法》属于统合性制度。《生活保护法》规定，政府拥有保障贫困人口维持基本生存的责任，接受保障的前提是必须接受家计调查，对生活处于贫困状态的、符合救助条件的贫困人口提供无差别的、平等的生存权保障。

日本（新）《生活保护法》是1950年颁布实施的。之前的（旧）《生活保护法》规定，懒惰者和品行不端者是不能获得救助资格的，即便处于贫困状态，也不可以获得无差别式的平等救助。然而，（新）《生活保护法》明确规定，所有

---

① 日本的国民年金法中规定，因残疾丧失劳动能力的人，即便没缴纳社会保险费，也可享受年金待遇的制度，称为福祉年金。

处于贫困状态的要救助者，都有资格申请救助，只要符合救助条件都可以获得无差别的普惠式救助。

（三）最低限度保障性

在日本，社会保险制度之外，对凡是生活在贫困线以下的贫困人口实施的救助，均采用的是基本生活需要的最低限度的救助方式。从社会保障的公共政策视角出发，保障的对象是全体国民，社会救助起着保障生活的兜底作用，是社会保障的“安全网”，即社会救助是社会保障制度的最后一道防线。也就是说，社会救助并不仅仅满足单个人的基本生活的需要，还包括其他社会保障措施和配套的公共政策，如最低工资、养老金的待遇水平、各种社会津贴、社会福祉机构的设施补贴等配套政策。

第五节　关于日本社会救助制度的反思

日本社会救助实施的问题，一直被日本全社会所关注，社会上对社会救助的“制度被滥用、救助门槛过低、受助对象是税金的偷盗者”等质疑的声音不断，进而要求控制受助对象的数量、严苛救助的条件、减少救助的对象及降低救助的水平、缩小社会救助的保障范围、收紧财政支出的呼声也比较强烈。从图 1-2 可以了解到日本社会救助的现状。

从图 1-2 数据走势图看，1951—1995 年，随着日本经济的高速发展，救助人口出现减少的趋势，1995 年达到谷底以后开始逐渐上升，此后 20 年日本社会救助的受助人数逐年上升，2015 年后再次回落，出现持续减少趋势。2021 年 11 月为止，受助人数为 203.9 万人，救助率为 1.63%，说明受助覆盖人口还是较多的。

此外，日本厚生劳动省网站查阅的数据显示，截至 2018 年 12 月，日本受助人口中 65 岁以上人口达 100 万人，占总救助人口的 47.4%，可见老年人口依然是社会救助的主要对象，劳动年龄人口所占的比例依然是最少的，这也充分体现出老年贫困问题，在日本社会依然是比较突出的。

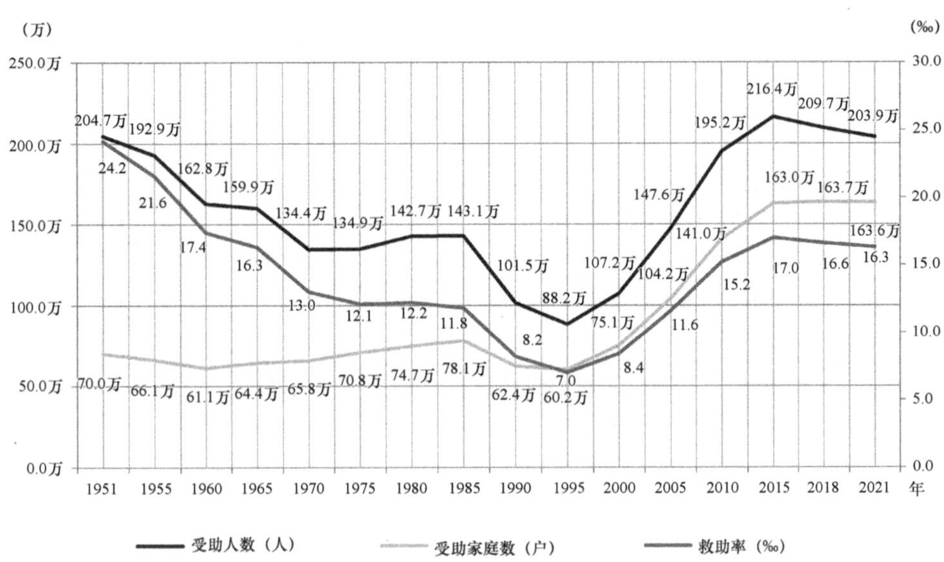

图 1-2　1951—2018 年日本社会救助的受助人数、救助率及受助家庭的年度变化情况

数据来源：根据日本厚生劳动省发布的各年度救助数据进行整理制作。

一、受助者数量的问题

社会救助的条件过于宽松及救助失当，会导致救助滥用、救助对象持续增加的问题。学者阿部彩（2013）认为，从社会救助对象表面的增加上看，社会救助对象并不像大家认为的那么多，救助对象偏重老年人并没有得到根本性改变，2012 年日本受助人口仅占贫困者的 1.6%（2012 年），比起瑞典 4.5%（2009 年）、德国 8.2%（2009 年）、法国 5.7%、英国 9.27%，以及美国（有子女的低收入家庭的临时救助 1.42%、补足性营养救助 13.05%、低收入的残疾人和老年人 2.49%①）等国家的受助率，日本属于救助率低的国家（见表 1-1）。

① 资料来源于日本厚生劳动省统计情报部（2012）发布的《平成二十三年国民生活基本调查的概况》数据。网址：http：//www. mhlw. gov. jp/toukei/saikin/hw/k-tyosa/k-tyosa11/index. html. OECD 2006 年确立的相对贫困标准，数据来源于埋桥孝文（2013 年）著《生活保護》（日文）第 25 页引用的表 1-1。

表 1-1　　发达国家的救助率

国家	制度名称	救助率	贫困率（经合组织标准，2006 年）
日本	社会救助制度	1.6%（2012 年）	15.7%
瑞典	基于社会服务法的经济援助	4.5%（2009 年）	6%
德国	求职者基本保障（就业可能层）	8.2%（2009 年）	14.4%（欧盟）
法国	就业连带收入制度	5.7%	7.1%
英国	收入扶助（单亲）雇佣援助津贴（残疾人）、求职者津贴（求职者）、养老金（老年人）	9.27%	16%（欧盟）
美国	贫困户临时救助（有子女的低收入家庭） 补足性营养救助（食品费补助） 补足性收入保障（低收入残疾人、老年人）	1.42% 13.05% 2.49%	17.1%

资料来源：尾藤広喜，小久保哲郎，吉永純．生活保護「改革」ここが焦点だ［G］//生活保護問題対策全國會議（2011）．東京：あけび書房，2011.

注：欧盟标准为中央值的 60%.

二、社会救助的效果评价

针对社会救助实施的效率问题，学者主张从收入与储蓄的角度来衡量，即救助对象的识别率。在经济学领域，日本学者橘木俊詔认为，从水平效率看，那些获得救助资格的人口中，实际上受助的人有多少、是否做到了应保尽保；从救助的垂直效率看，受助对象中真正有资格接受救助的人所占的比例是多少；那么，救助效果评价就需要探讨是否还需要设定测定“指标”的问题。因此，从效果来看，需要针对“漏保和错保”问题进行研究。其实受助资格是不可能完全符合要求的，因此，设定标准除了要核实家庭的收入、家庭储蓄和财产信息外，还需要核实是否有劳动能力、是否有扶养义务的亲属、医疗服务是否过度使用等。①

三、救助对象增加导致财政危机的问题

救助对象增加是否会引发财政危机的问题，阿部彩认为，从日本厚生劳动省的统计数据看，不当救助的涉案件数占救助对象的比例不超过总数的 2%，不当救助

① 橘木俊詔．セーフテイネット經濟学［N］．日本经济新闻社，2000.

的额度不超过社会救助总额度的 0.3%，说明不当救助的比例极低。而从救助对象是否过度使用医疗服务的问题也是社会的误判，阿部彩认为，尽管社会救助资金的支出近一半用于医疗救助，但实际上并没有出现过度使用医疗服务的现象。①

关于贫困线测量方法，日本 1966 年以前采取的是绝对贫困的测量法，即标准生计法、市场菜篮子法、恩格尔系数法，之后依据国际贫困线即相对贫困线的测定方法，采用了收入比例法，1984 年开始使用水准均衡法之后，日本社会保障审议会每五年进行一次检验，结论是社会救助的标准是适度的。从岩田、岩永进行的低收入者生活状态调查看，因居住费、医疗费、储蓄型保险费用的上涨，导致生活费用上涨，救助标准也自然提高，社会普遍认为的“理想的最低生活”比现行的生活保障标准还要高，说明现有的贫困线水平并不高。②

四、救助制度削弱就业意愿的问题

对社会救助是否会削弱劳动者就业意愿的问题，通过比较灵活就业人员的最低工资和低保救助标准，安部、玉田（2007）认为，二者均因所处地区不同，收入额度也大不相同，二者均不受就业率高低的影响，即灵活就业人员的最低工资比救助标准高，则就业意愿强。③ 玉田、大竹（2004）通过与美国救助制度做比较研究后认为，是日本的“劳动扣除制度”直接影响了救助对象的就业意愿。④

综上所述，阿部彩（2013）认为，日本社会救助人数没有出现过多的现象，救助对象增加也并不会导致财政危机，救助的标准也不够高，救助并不会引发救助对象就业意愿削弱。⑤ 说明社会救助制度是日本社会解决相对贫困问题的重要手段，也是日本社会保障制度的重要组成部分。

---

① 埋橋孝文. 生活保護（日文）[M]. 京都：ミネルヴア書房，2013：38-30.

② 岩田正美，岩永理惠. ミニマム・ィンカム・スダンダード（MIS 法）日本の最低生活費試算[J]. 社会政策，2012，4（1）：61-70.

③ 安部由纪子，玉田桂子. 最低赁金・生活保護の地域差に關するる考察[J]. 日本勞動研究雜誌，2007：31-47.

④ 玉田桂子，大竹文雄. 生活保護制度は就勞意欲を阻害していゐかアメリカの公的扶助制度との比較[J]. 日本經濟研究，2004，50（3）：1-25.

⑤ 阿部彩. 生活保護への四つの批判[M]//埋橋孝文. 生活保護. 京都：ミネルヴア書房，2013：21-34.

第二章 日本社会救助法的制定与完善

日本的社会救助一般来讲是指国家与社会向贫困人口与不幸者提供款物接济和机构收容的一种生活保障制度。开展社会救助是政府的责任与义务，获得社会救助是受助者的权利，目的是帮助社会弱势群体摆脱生存危机，进而维护社会秩序的稳定。日本的社会救助制度是对因疾病、受伤、失业等各种原因陷入生活困境的国民，由国家在保障其健康且文明的最低限度的生活的同时，对于使其自食其力的就业与创业活动予以援助的制度，是根据《生活保护法》建立的。

日本的济贫制度始于 1932 年实施的《救护法》，第二次世界大战后，1946 年政府制定并颁布了《生活保护法》（也称（旧）《生活保护法》），在实施过程中发现《生活保护法》存在着涉及法律制度性质的问题，如根据《生活保护法》施行规则创设的不服申诉制度，在法理上超出了《生活保护法》的范围；社会救助标准的设定，缺乏国家对救助申请者请求权保障责任的法律依据；对于是否提供保障具有决定权限的民生委员制度与国家责任原则不相符、社会救助标准的不断修改致使民生委员欠缺救助专业知识、难负重任的问题暴露出来。此外，《生活保护法》对救助种类的定义、标准、方法，对未亡人家庭的住房救助与教育救助，收容机构的标准、种类、定义及受助者的权利与义务等，也均未作出明确的规定。[①] 施行了 3 年 7 个月后，日本政府于 1950 年 5 月颁布了修改后的《生活保护法》（也称（新）《生活保护法》），明确了贫困者的生存权保障理念，并增加了住房救助和教育救助，使新法趋于完善，实施了长达 64 年之久。2013 年 5 月，为解决错保、过度保、非法受助等问题，日本内阁修正并颁布了《生活保护法》与《生活困窘者自立援助法》。修改后的《生活保护法》于 2014

① 笔者根据韩君玲于 2007 年商务印书馆出版的《日本最低生活保障法研究》内容整理。

年4月实施，是自1950年以来对（新）《生活保护法》的首次修订，对于现行的厚生劳动省令及通知等规定的“申请社会救助时需提交财产和收入证明”，也明确作出了相同规定；对无法提交证明者可口头申请，证明资料在确定受助资格前提交即可，若因特殊情况无法交齐材料也可申请。此规定旨在使家庭暴力受害者、无家可归者均可申请社会救助。

厚生劳动省于2018年2月向国会提交了《生活保护法》部分修正案和《生活困窘者自立援助法》修正案，于2018年6月1日审议通过，6月8日公布。修订内容主要包括：为社会救助家庭子女大学升学提供援助，常见惯性病预防工作的强化与医疗救助费的合理化，对贫困者免费低额住宿机构规制的强化，以及对独居生活困难者的生活援助等。

日本《生活保护法》的责任主体是各级政府，承担着保障贫困者基本生活的义务，地方政府设立的福祉事务所是承担社会救助具体工作的机构。救助资金由财政负担，中央政府财政承担救助费用的3/4，地方政府财政承担救助费用的1/4，地方政府对辖区内的贫困者负有社会救助的义务。

第一节　（旧）《生活保护法》的制定

一、战后（旧）《生活保护法》的制定背景与原则

现代日本社会救助法的基础，是由战后接管日本的联合国军最高司令官总司令部（GHQ）奠定的。[①] 战败初期，日本大量国民衣食住无着落，饱受失业和物价飞涨之苦。战前及战中制定的各种济贫法，均将有劳动能力者排除在外，各法律之间缺乏内在联系，遵循的是军事优先的限制主义救助理念，难以应对大量贫

① 驻日盟军总司令（日语为联合国军最高司令官；英语为 Supreme Commander of the Allied Powers 或 Supreme Command of Allies in the Pacific，简称 SCAP），又译为盟军最高司令官总司令部、盟军最高司令部，是美国远东军司令兼驻日美军总司令道格拉斯·麦克阿瑟将军在同盟国军事占领日本期间的一个头衔。第二次世界大战结束，为执行美国政府“单独占领日本”的政策，麦克阿瑟将军以“驻日盟军总司令”名义在日本东京建立盟军最高司令官总司令部（英语为 General Headquarters），在日本通称为“GHQ”。

困者的救济问题。因此，日本亟需制定以全体国民为适用对象、具有救助请求权、保障最低生活水平的公共扶助制度，在此背景下，GHQ 以指令的形式向日本政府下达了公共扶助法设计应遵守的基本原则。

（一）公共扶助指令下达背景

1945 年 8 月 15 日，日本接受波茨坦公告宣布无条件投降，由以美国为首的联合国军接管，以间接统治方式推行非军事化和民主化的占领政策。[①] 由于战争灾害、海外军民撤退、失业及通货膨胀的影响，大量国民陷入了生活困境。厚生劳动省在 1945 年 12 月末开展的《需要救助家庭及人员调查》表明，当时需要接济的贫困家庭为 816 014 户，贫困者人数高达 3 045 357 人。[②] 与此相对照，战前制定的将救济对象限定为没有劳动能力、没有扶养人或赡养人的老弱病残的《救护法》（1929 年）[③]，战时体制下为配合战争而制定的《母子保护法》（1937 年）与《军事扶助法》（1937 年）、《战时灾害保护法》与《医疗保护法》（1941 年），虽然形成了以《救护法》为核心、以特别立法为补充的济贫体制[④]，但因这些救贫法只能提供慈善性、施舍性的救济，并未承认贫困者的救济请求权，加之其救济标准高低不一，因此，难以解决战后包括失业者在内的大量贫困者的生活问题。

GHQ 担心社会不稳定问题蔓延，作为其推行非军事化与民主化政策的一环，于 1945 年 12 月 8 日向日本政府发出了《关于救助与福祉计划的事项》指令（SCAPIN404），要求日本政府在 1945 年 12 月 31 日前，制定以 1946 年 1 日至 6 月间的失业人口及其他贫困人口为救济对象，提供食品、衣服、住宅、医疗、金融援助、福祉机构的紧急应对措施。作为对 GHQ 的答复，日本政府于同年 12 月 15 日匆忙制定了一个过渡性的救济计划《生活困难者紧急生活援护纲要》，决定按照当时救济标准最高的《军事扶助法》的金额对贫困者施以救济。由于《生

---

① 川上昌子．公的救助論［M］．東京：光生馆，2007：35.

② 木村忠二郎．改正生活保护法の解説［M］．東京：時事通信社，1950：35.

③ 根据第二次世界大战前《救護法》对救護对象主要体现的是接济的特点，因此，本文将战前的“救護”字样的汉字，根据不同的内涵，分别译为“救济”“保护”“救护”等。

④ 籠山京．公的扶助論［M］．東京：光生馆，1978：13.

活困难者紧急生活援护纲要》继承了日本各项济贫法的慈善性质①，GHQ 为了督促日本政府建立体现其非军事化与民主化占领政策的公共扶助制度，于 1946 年 2 月 27 日发出了《关于公共扶助》的指令（Public Assistance SCAPIN775），承认了日本政府的应急救济计划，同时，GHQ 也要求日本政府创设公共扶助制度。

（二）GHQ 的公共扶助三原则

为了使日本建立一个具有民主化意义的公共扶助制度，GHQ 在《关于救助与福祉计划的事项》指令中，提出了维持最低生活和无差别平等原则。具体而言，“对于依靠家计和其他收入来源，在规定的期间内不足以维持最低生活的国民，采取适当的救济措施”，这里最低生活的维持被反复强调，救济的对象被扩展到“失业者和其他贫困者”，打破了原有济贫法对有劳动能力者救济的限制，并要求“日本政府要马上采取措施，防止对个人或群体因劳动能力欠缺、失业或政治、宗教及经济等方面的原因，在各种救济财物发放上的差别待遇”，即禁止基于陷入生活困难状态的原因而差别对待的做法，并由政府直接负责救济的实施。虽然在此指令中尚未使用“国家责任”来向国民提供最低生活保障的文字表述，但可以理解为它包含了“由国家无差别地、平等地维持国民的最低生活”的理念②，并且在 1946 年 2 月 27 日的《关于公共扶助》的指令（SCAPIN775）中，GHQ 提出了日本公共扶助制度设计应遵循的三个原则。

1. 无差别平等原则

无差别平等原则的内涵是不问致贫原因，对于贫困者无遗漏地进行救助的原则。日本在停战初期，《救护法》《母子保护法》《军事扶助法》《战时灾害保护法》《医疗保护法》等多个济贫法同时存在，根据致贫原因规定了不同类型贫困者所适用的法律。虽然《军事扶助法》的救济标准最高，但是对于贫困者的救济却存在差别对待、军事优先问题。此外，上述济贫法还沿袭了战前《恤救规则》（1847 年）将品行不良者排除在外的做法。针对日本济贫法的差别对待问

① 韓君玲．戦後日本における生活保護基準の法制化過程［J］．東アジア研究（大阪経済法科大学アジア研究所）第 56 号，2011：1-10.

② 小沼正．貧困：その測定と生活保護［M］．東京：東京大学出版社，1980：102.

题，GHQ 提出了无差别平等原则。①

2. 必要充足原则

必要充足原则也被称为救助费无限制原则，即在救助费预算额上不设限制，根据需要由财政支出。这是因为从战前的《救护法》到战后的《生活困难者紧急生活援护纲要》的济贫费用，均在预算额上设定了上限。为了对所有贫困者无遗漏地进行救助，需要改变以往财政在预算额上设定限制的做法，因此，GHQ 提出了必要充足原则。②

3. 公私分离原则

公私分离原则也称公共责任原则，包含两层含义：其一是救助制度的管理运营、财政措施、组织体制的主体责任应该由政府承担；其二是社会救助的实施不应委托或委任于私立机构或准政府机构的民间团体。GHQ 担心日本政府将社会救助工作委任于新成立的民间团体，会继续贯彻军人优先的救助政策。这是因为日本战前制定的《救护法》中，将本该由市町村长负责实施的机构救护，通过委托制方式由民间救护机构代办，在战时军国主义体制下，济贫立法由一般措施变成了军事优先的特别措施。③

GHQ 提出的无差别平等原则、必要充足原则以及公私分离原则，与 1947 年制定的日本《宪法》第 25 条保障国民生存权的规定，成为战后日本社会救助福祉制度确立的根本。④

二、（旧）《生活保护法》的成立及实施中的问题

（一）GHQ 公众卫生福祉局的《公共扶助》指令

为了向从事《生活保护法》制定工作的日本政府官员和有关人员提供帮助，

---

① 加川充浩．戦後改革期の社会福祉制度構築と公私分離の諸相ー社会福祉主事配置と民生委員制度改革をめぐって［J］．日本島根大学社会福祉論集（島根大学法文学部社会文化学科福祉社会教室編）第 6 号，2017：1-15. 网址：http：//id. ndl. go. jp/bib/000008466360.

② 韓君玲．戦後日本における生活保護基準の法制化過程［J］．東アジア研究（大阪経済法科大学アジア研究所）第 56 号，2011：1-10.

③ 江口隆裕．福祉の公的責任再考［J］．法大法学論集，1993，44（3）：576.

④ 江口隆裕．福祉の公的責任再考［J］．法大法学論集，1993，44（3）：571-592.

1946年5月18日GHQ公众卫生福祉局科长代理向局长萨姆跖提交了题目为《公共扶助：通过解释和理解认可的公共扶助》的报告，报告附上了《公共扶助》指令。该指令指出：公共扶助是"民主政府的措施""必须遵循民主主义的基本原则，在实施方面与该原则不能矛盾"，并就如何解释和理解公共扶助提出了三点提示。

1. 关于"公共扶助的受助者和申请者的权利"

应将公共扶助理解为公民的权利，"由于疾病、失业失去经济自立能力或机会的人，作为公民及作为人的任何权利并未丧失，无论何种公共扶助方式的申请者或受助者，均拥有与其经济自立时同样的权利"。作为贫困者的具体权利之一的"需要"被确认后，直到个人状况得到改变为止，可以作为权利接受一定金额的救助，且救助额是当地社会认可的、能够满足最低限度生活的需要。这里首次将最低生活的保障作为国民权利加以承认。

2. 关于"公共扶助受助者的义务"

受助者有"制定真实的财产清单以及凭良心汇报包括将来受雇展望的就业现状的义务"，也就是要求受助者必须真实地汇报其拥有的财产与就业情况。

3. 关于"公共扶助的基本标准"

给付的救助额应在"扣除持有的住宅、燃料、衣服类、菜园生产物及储藏的粮食后，与现在的需要相一致"，且《公共扶助》的救助标准"要保证对状况不同的人同样地公平对待"，"将行使自由裁量和判断"的权力交给政府。换言之，救助标准的制定权限掌握在政府手中，救助额应由救助标准减去受助者自身持有物的金额，实行差额救助，以便公平地保障每个受助者的最低生活需要。至于政府如何制定救助标准，该指令并未作出明确要求。

通过《公共扶助》指令，GHQ将公共扶助解释为实现民主主义的一种手段，废除以往社会救济领域军事优先的做法，使之公平地保障每个受助者的最低生活需要，明确了国民接受救助的权利与义务、救助额的决定方法，并将救助标准的制定权交给了日本政府。

（二）（旧）《生活保护法》的制定

鉴于《救护法》《母子保护法》《军事扶助法》《战时灾害保护法》《医疗保护法》等多个分散的济贫性质的法律难以采取适当措施妥善解决大量贫困者的最

低生活保障问题，日本政府遵照 GHQ 的指示，制定了社会救助法案，法案获得无修改通过，1946 年 9 月 9 日《生活保护法》（法律 17 号）公布，10 月 1 日起开始施行。由于 1950 年制定的《生活保护法》沿用了该法名称，但对其内容进行了全面改正，故而该法后来被称为（旧）《生活保护法》。①

（旧）《生活保护法》遵循无差别平等原则，不问劳动能力有无，对于陷入生活困难状态的贫困者由国家提供保障，采取了普遍性的救助政策。救助费用的 80%由国库负担，其余 20%由都道府县和市町村对半负担。救助内容为生活救助、医疗救助、生育救助、就业救助、丧葬救助五种。在救助对象设定和政府责任划分方面，该法律将有劳动能力的贫困者纳入救助对象，克服了以往救贫诸法律将有劳动能力的失业者排除在外的问题，明确了各级政府救助费用的分担比例，具有划时代的意义。

（三）（旧）《生活保护法》实施中的问题

（旧）《生活保护法》虽然规定救助的实施，由贫困者居住地的市町村长负责，具体事务由民生委员协助市町村长办理，但实施中出现了反客为主的问题。基于 1946 年的民生委员令将救助事务委任给了作为热心公益事业、而非公务员的民生委员，因此，救助与否的决定权掌握在了民生委员手中，加之（旧）《生活保护法》没有明确规定救助标准的制定方法，为了方便起见，只设定了一个救助额上限②，因此，是否给予救助以及救助金额的多少，实际上由民生委员凭自己的主观感觉来决定。③ 在当时通货膨胀严重的情况下，虽然救助标准一年修订了数次，仍难以维持受助者的最低生活水平。与此同时，同一地区中贫困程度相同家庭的救助额度不同，不同地区之间贫困程度相同家庭的救助金额也不同，加之漏救问题频发等④，救助实施过程因未能完全体现 GHQ 的无差别平等、必要充足、国家责任三原则受到了 GHQ 的强烈批判。1948 年救助标准第八次改定

---

① 加川充浩．戦後改革期の社会福祉制度構築と公私分離の諸相—社会福祉主事配置と民生委員制度改革をめぐって［J］．日本島根大学社会福祉論集（島根大学法文学部社会文化学科福祉社会教室編）第 6 号，2017：1-15. 网址：http：//id. ndl. go. jp/bib/000008466360.

② 岡田好治．生活保護百問百答（第一集）［M］．日本社会事業協会，1947：101-102.

③ 横山和彦，田多英範．日本社会保障の歴史［M］．東京：学文社，1991：76.

④ 全国社会福祉協議会．民生委員制度四十年史［M］．1964：388-389.

时，采用了市场菜篮子方式制定生活救助标准，作为非专职从事救助工作的政治家或公益活动家的民生委员，在技术上也难以胜任采用科学方法实施的社会救助工作。

此外，由于（旧）《生活保护法》在内容上未明确规定贫困者的救助请求权和争议诉讼权，与1947年制定的《宪法》第25条国民生存权保障的关系不明确，救助内容缺少教育救助和住房救助，在救助对象上设置了将懒惰不努力工作者、品行不良者排除在外的无资格条款等问题，无法应对紧缩政策引发的大量失业劳动者的生活问题。于是，大量贫困者为了获得社会救助而开展了有组织的抗议《生活保护法》斗争①，要求的救助种类超出了（旧）《生活保护法》的救助范围。因此，社会保障制度审议会提出了《关于社会救助制度改善强化》的指导建议，旨在解决（旧）《生活保护法》实施中暴露出的诸问题。

第二节　（新）《生活保护法》的制定

为了克服（旧）《生活保护法》实施过程中出现的问题，厚生劳动省在遵循GHQ为（旧）《生活保护法》制定提出的基本原则基础上，参考社会保障制度审议会《关于社会救助制度改善强化》的指导意见，制定了（新）《生活保护法》案。

一、《关于社会救助制度改善强化》的指导意见

为了克服政府紧缩政策带来的社会不稳定问题，基于美国社会保障使节团建议设立的社会保障制度审议会，于1949年9月13日向日本内阁总理大臣提交了《关于社会救助制度改善强化》的建议，主张以现行社会救助制度所遵循的无差别平等原则为基础，基于下述原则和实施纲要，对（旧）《生活保护法》进行改革，内容如下。

① 社会保障運動史編集委員会．社会保障運動全史［N］．労働旬報社，1982：73.

（一）基本原则

1. 普惠性原则

国家要通过公共扶助制度保障全体国民的最低生活，保障水平应达到维持健康且文明的生活水平。

2. 公平性原则

必须确立对于依靠其他手段不能维持最低生活水平者，理应请求公共扶助的原则，也就是使公共扶助发挥“兜底”作用。

（二）实施纲要

1. 关于救助的组织实施

一是在市町村负责社会救助的人员必须符合规定的资格条件，设岗人员的经费至少 1/2 由政府负担；二是救助工作实施过程中应遵守的准则以及市町村之长和承担救助工作的人员的责任应该明确；三是市町村之长及其指定机构应对救助设施及接受救助服务的医疗机构进行监察；四是民生委员在下述事项对市町村之长进行的救助工作予以协助。

发现处于需要救助状态的贫困者；关于救助的实施，要根据需要向市町村长救助陈述建议；向受助者提供生活指导。这些规定使得民生委员由救助决定者变为救助协助者。

2. 关于救助的机构

一是法律要明确救助机构的种类和界定；二是救助机构的设立与注销均需要都道府县知事的认可；三是都道府县知事认为必要时，经过一定的程序后，可命令该机构进行设备的改善和报废；四是对于私立机构的监督要进一步强化，使之处于官方支配下；五是国家对于都道府县、都道府县知事对于市町村符合申办要求的救助机构予以批准。

3. 关于救助的内容

一是关于救助水平及救助方法的原则性事项由法律规定；二是救助的实施现状比较保守，在经济复苏措施中应积极地运用社会救助手段发挥其防贫自立功能；三是在当时的五种救助之外，创设教育救助和住房救助。

4. 关于救助的资金

一是中央政府、都道府县政府、市町村的救助资金负担比例分别为80%、10%、10%，由于地方政府负担过重，阻碍了公共扶助制度的顺利实施，应减轻地方政府的负担；二是市町村救助事务管理所需费用的1/2应由国家负担；三是法律应增设国家和地方政府实施公共扶助的资金计入预算并切实支付的条款。

社会保障制度审议会的《关于社会救助制度改善强化》的指导意见，不仅明确了（旧）《生活保护法》改革应遵循的原则，在救助内容方面还明确了救助水平、专职管理人员设置、民生委员的职责及不同层级政府的责任，以便使《生活保护法》成为贯彻宪法规定的关于国民生存权保障的手段，并成为当时计划构建的社会保障制度的一个构成要素。

二、（新）《生活保护法》的制定

为克服（旧）《生活保护法》实施中的问题，日本政府颁布了诸多通知，但救助请求权理念的国家责任仍然缺少法律依据，随着生活救助标准制定的科学化，民生委员负责社会救助实施工作的局限性已经非常明显，通知的内容已经超越了（旧）《生活保护法》的框架，因此，政府认识到了制定新的《生活保护法》的必要性，厚生劳动省参考社会保障制度审议会《关于社会救助制度改善强化》的指导意见，开始了新《生活保护法》的制定工作。新《生活保护法》于1950年5月4日公布（法律第144号），即日施行。

（新）《生活保护法》第1条规定，基于《宪法》第25条，对处于生活困境的所有国民，根据其贫困程度给予必要的救助，以国家责任保障其最低限度的生活水平，明确提出了保障国民最低限度生活水平的目标。第3条进一步明确了最低限度生活水平的内容是“健康且文明的生活”，换言之，也就是保障程度为能够使贫困者过上有尊严的生活。第8条第1款规定，救助要以厚生劳动大臣制定的标准来测定救助者的需要，补足其本人的收入或物品不能满足的差额部分，目的是在保障国民最低限度生活水平的同时，帮助国民实现生活自立。

三、（新）《生活保护法》与（旧）《生活保护法》的不同之处

与（旧）《生活保护法》相比，（新）《生活保护法》在救助对象上删除了

(旧)《生活保护法》将懒惰不努力工作者、品行不良者排除在制度之外的无资格条款，贯彻基于国家责任的一般救助主义理念，明确了保障国民“健康且文明的生活水平”与帮助贫困者实现生活自立的法律目的。同时，还回应了基于生存权而确立的救助请求权，并将作为救助要件及救助程度判断尺度的最低生活保障标准的制定首次写入了法律，为日本现代社会救助制度的建立提供了法律依据。

第三节 （新）《生活保护法》的完善

1950 年实施的（新）《生活保护法》将以生活救助标准设定等为首的重要事项委任给了政令省令，因此，实施后的社会救助制度改革并未对《生活保护法》本身进行修改，而是以政令省令的形式对其实施细则进行了多次修订，法律本身的改革仅限于 2013 年和 2018 年两次。

一、2013 年修订的《生活保护法》

在坚持为需要的人提供兜底保障基本方针的同时，为了使社会救助制度取信于民，2013 年修订的《生活保护法》在法律层面规定强化不正当受助对策、医疗救助的合理化、促进就业的自立援助等措施。

（一）21 世纪社会救助制度的状况及改革提案

在 20 世纪 90 年代泡沫经济崩溃后，日本经济陷入长期的不景气状态，复苏乏力，加之受 2008 年美国次贷危机的影响，日本社会救助受助人数急剧增加，2011 年 7 月达到了 205 万人，突破了 1951 年 204.6 万人的峰值继续攀升，2013 年 9 月受助人数高达 213 万人、受助家庭数 156 万个，占家庭总数的 1.6%，受助人数和受助家庭数均突破了过去最高纪录[①]，其中非正规就业者及失业者家庭数由 2003 年的 84 941 户增加到了 2014 年 2 月的 287 570 户，10 年间增加了约 2.39 倍。社会救助财政支出不断增加，医疗救助费的占比也不断攀升。以 2014

① 伊藤周平．生活保護制度改革と改正生活保护法の諸問題［C］．鹿児島大学法学論集，2014，48（2）：35-56. http：//hdl. handle. net/10232/00029790.

年为例，社会保障相关支出的费用为 30.5 兆日元，其中社会救助费支出额为 3.67 兆日元，占社会保障费用支出的 12.05%。社会救助费中用于医疗救助的费用高达 1.72 兆日元，占社会救助费的 46.90%，占日本社会保障费用支出的 5.65%。① 2012 年度因工作收入不申报、各种年金收入不申报等发生的不正当受助件数约为 4.2 万件、金额高达约 190 亿日元，占救助费总额的 0.5%。② 为了削减不断增加的社会保障费用支出，2012 年 8 月成立的《社会保障制度改革推进法》［平成 24 年（2012 年）法律 64 号］规定“应尽快实施社会救助制度改革”。

2013 年修订的《生活保护法》是日本进入 21 世纪后关于社会救助制度改革探讨的结果。面对不断增加的社会救助财政支出，一些地方政府相继提出了社会救助制度改革议案。2010 年 10 月指定都市市长会发表了“包括社会保障制度整体愿景的社会救助制度根本性改革方案”的主张，提出了“救助年限的有期限化（假定为 3 至 5 年左右）及医疗费用的部分自我负担”的观点。接受了都市市长会改革方案的民主党政府，在 2012 年 2 月的国务会议上通过了“社会保障与税的一体化改革大纲”决议，提出了改革社会救助制度、实行医疗救助的合理化、变革调查方法的建议。

日本的自民党与公明党建立的联立政府基于 2012 年 8 月成立的《社会保障制度改革推进法》，开始推行减轻国家责任的社会保障制度改革，首个目标选定的是《生活保护法》。2013 年 5 月 17 日，厚生劳动省将《生活保护法》的部分改正法案，以及与之配套的《生活困窘者自立援助法案》提交给了第 183 次定期国会，众议院修改通过后，同年 6 月提交给了参议院，在参议院选举前初次审议中途停止，两个法案在将实施日期变更后提交给了第 185 次临时国会审议，于 2013 年 12 月 6 日审议通过。修订的《生活保护法》和《生活困窘者自立援助法》的目的是抑制社会救助费的同时，为非正规就业者及失业者提供就业援助，使其免于接受社会救助。鉴于《生活困难者自立援助法》将在本书最后部分作

---

① 笔者使用厚生劳働省于平成 28 年 7 月 1 日公布的数据计算而得。数据来源：厚生労働省．最近の社会保障関係費の動向について. www.mhlw.go.jp/content/12201000/000484809.pdf.

② 社会援護・保護課．改正生活保护法について．厚生労働省网站：www.mhlw.go.jp/file/06-Seisakujouhou-12000000-Shakaiengokyoku-Shakai/0000046422.pdf.

详细介绍，因此，本章仅考察修订的《生活保护法》的内容。

（二）2013 年《生活保护法》的主要修改内容

2013 年修订的《生活保护法》是（新）《生活保护法》自 1950 年实施以来首次进行的大幅度修订，目的是控制社会救助费的持续增加。为了达成此目的，政府采取了将受助者按劳动能力有无进行区别对待或援助的方法，换言之，在使社会救助的申请要件严苛化的同时，与发挥兜底作用的《生活保护法》相配套，成立了《生活困窘者自立援助法》，对于有劳动能力者，在其陷入生活困境之前，通过实施就业援助，使之实现生活自立，免于接受社会救助。

1. 申请手续的严苛化

原来的《生活保护法》的实施规则，允许贫困者采用口头方式申请救助，一些贫困者可以逃避工作收入及年金等收入申报材料的填写，也因此发生了多起不正当受助事件。鉴于此，修订后的《生活保护法》第 24 条第 1 款规定，在没有特殊事情的情况下，想要接受社会救助的申请者，原则上不能采用口头方式，必须根据厚生劳动省令，将书面申请书提交给救助工作的实施机构。通过修订，使原来的《生活保护法》关于救助的书面申请依据，由省令规定的实施细则改为直接的法律规定，同时，还规定申请者有义务提交救助所需的附加材料，通过申请手续的严苛化，来规制收入漏报问题。

2. 扶养义务的强化

修订之前的《生活保护法》虽然规定有民法扶养义务人的扶养，优先于《生活保护法》的救助，但在实际实施过程中，如果有扶养义务人汇款的情况下，只将汇款认定为贫困者的收入，从应得的救助额中进行扣除，并未强行要求扶养义务人履行其扶养义务。与此相对照，修订后的《生活保护法》第 24 条第 8 款规定，在对贫困者开始救助前，救助实施机构有义务将厚生劳动省指令规定的事项事先通知其扶养义务人；第 28 条第 2 款规定，在申请或变更救助时，为了调查核实申请书和附加材料的内容，可以要求扶养义务人本人或同居的亲属提交未履行扶养义务的理由报告；第 29 条第 1 款和第 2 款规定，可以要求受助者的扶养义务人、银行或雇主等相关单位或个人向政府相关部门提供关于收入和财产状况的报告。这样的修订内容，在督促扶养义务人履行其扶养义务的同时，也使生活困难者因心理压力而对是否申请救助持审慎态度，为家计调查工作的顺利开展提供法律保障。

3. 不正当受助对策的强化

通过防止救助费的不正当领取，来维护国民对社会救助制度的信赖，修订后的《生活保护法》不仅扩大了救助实施机构，即福祉事务所的调查权限，还提高了对不正当受助者的惩罚力度。

（1）福祉事务所调查权限的扩大。对于救助申请者，调查内容在维持修订前的财产和收入调查的同时，增加了维持生计的职业、工作及求职活动、扶养义务者的扶养状况、健康状况，有无接受其他自治体的救助以及政令规定的其他支出状况的调查事项；持有下述信息资源政府部门，对于福祉事务所提出的问题有反馈义务。持有财产信息资源管理的政府机构，如持有家用汽车登记信息的地方运输局，持有公共年金信息的年金事务所，持有恩给①信息的总务省，市町村的税务管理部门，管理儿童津贴信息的市町村管理部门，管理儿童抚养津贴的福祉事务所，管理工伤补偿的厚生劳动省，失业津贴、育儿休假待遇给付、护理休假待遇给付等的管理部门，负责职业培训的公共职业安定所，均需配合福祉事务所对申请救助家庭开展家计调查，以便精准甄别救助对象及计算救助额度。

（2）罚金额度的增加和罚金退还的强化。对于凭借不正当手段领取救助金的受助者，罚金由法律修改前的 30 万日元提高到 100 万日元，不正当领取的救助金返还时，可以加收 40% 的罚金，都道府县或市町村对于不正当领取的救助金，在不影响维持受助者最低生活水平的前提下，可以从救助金中扣减，以确保不正当领取的救助金的退还。

（3）第三方行为赔偿权的创设。修订前的《生活保护法》规定，由于交通事故等原因，社会救助的受助者从加害者的保险公司获得的赔偿金应充作包含医疗费的最低生活费。因此，受害者一旦接受医疗救助，就不再向肇事者的保险公司请求赔偿的情况时有发生。修订后的《生活保护法》对于第三方行为造成的

---

① 恩给是根据 1923 年《恩给法》第 48 条规定，在文武官员及警察、军人等退职或死亡后，由总务省负责发放给本人及其遗属维持生活的金钱及临时救助费等。2021 年的恩给对象为退职的文官和原来的军人及其遗属。

医疗救助，在医疗救助的额度内，创设了由都道府县或市町村向肇事者的保险公司等第三方请求垫付的医疗费的赔偿权。

4. 医疗救助的合理化

如前所述，近年来社会救助费用支出中，用于医疗救助的费用越来越高，已经成为导致日本社会保障费用负担过重的一个重要因素。为了解决部分医疗机构请求不正当的医疗报酬问题，修订后的《生活保护法》规定，修改医疗机构的指定制度。《生活保护法》第 49 条第 2 款明确了指定医疗机构的指定要件和指定取消要件，对医疗机构实行指定更新制度，将原来医疗机构指定的无期限制改为 6 年更新制。第 51 条的规定，使取消医疗机构的指定制度成为可能。

为了强化指导体制，法律规定国家（地方厚生局）可以对指定医疗机构进行指导，并在各地方厚生局配置专门从事指定医疗机构指导工作的职员。此外，鉴于医疗救助领域通用药品的使用落后于医疗保险领域，为了节约医疗救助费，修订后的《生活保护法》第 34 条第 3 款明确规定，医师从医学见地出发，对于可以使用通用药品的受助者，应尽量使用通用药品，以促进通用药品在医疗救助领域中的使用。

5. 就业援助的强化

为了激励受助者积极就业，防止其因需要缴纳税收和社会保险费再度陷入生活困境，修订后的《生活保护法》新增了第 8 章，明确规定就业自立待遇给付金制度。

就业自立给付金制度的主要内容为：在接受生活救助期间受助者从被认定为收入的金额中，假定按照法定比例每月储存一定金额进行积累，一旦获取稳定的就业机会退出生活救助制度时，从被认定为退出生活救助日期所属的月份开始，往前计算 6 个月，将积累的金额一次性发放给受助者。适用对象为被都道府县知事或市长认定为工作稳定，且不再需要生活救助时予以给付。支付的标准为：单身家庭支付 10 万日元，两人以上家庭支付上限为 15 万日元的就业自立给付金。

二、2018 年《生活保护法》的主要修订内容

基于 2017 年 12 月内阁会议决定的经济财政再生计划的改革工程，从确保财政预算贯彻落实的角度出发，厚生劳动省于 2018 年 2 月向国会提交了《生活保

护法》部分改正案和《生活困窘者自立援助法》改正案，于2018年6月1日审议通过，6月8日公布。修改内容主要包括：向受助家庭子女的大学升学提供援助、常见惯性病预防工作的强化与医疗救助费的合理化、贫困者免费低额住宿机构的规制强化和独居生活困难者的生活援助等。

（一）升学准备给付金制度的创设

鉴于社会救助家庭子女的大学升学率远低于一般家庭子女大学升学率的现状[①]，为了斩断贫困循环链，帮助社会救助家庭的子女实现生活自立，创设了升学准备给付金制度。主要内容为：子女在上学期间继续与家人一起居住的情况下，一次性发给10万日元的升学给付金，该子女继续享受住房救助；子女上学期间不在家居住的，一次性发给30万日元的升学给付金。

（二）常见慢性病预防工作的强化

社会救助受助者与医疗保险的对象相比，尽管常见慢性病的患病率高，却并不是医疗保险者的保障事业对象，有必要从生活和医疗两方面对其健康管理进行援助。为了收集健康检查数据，并开展对常见慢性病及其重症化的预防工作，2018年修订后的《生活保护法》规定：创设预防常见慢性病的“健康管理援助事业”，由国家负责分析全国社会救助受助者的健康和医疗数据，将分析结果提供给福祉事务所，由福祉事务所对社会救助受助者进行生活习惯指导，并给予疾病治疗的援助。

（三）医疗救助费的合理化

为了减轻医疗救助费的支出压力，2013年修订的《生活保护法》明确规定促进通用医药品在医疗救助领域的使用。经过几年努力，通用医药品在医疗救助领域的使用比例，已经由2013年修订的《生活保护法》实施前的8.4%[②]提高到2018年修订的《生活保护法》实施前的约70%。[③] 为了实现经济《新财政再生计

---

① 厚生劳动省2019年3月5日发布的“社会保障相关费用的支付趋势”显示，2017年4月时点，社会救助家庭子女的大学升学率为35.35%，而全体家庭子女的大学升学率为73%.

② 社会・援護局保護課．改正生活保护法について. 2013：43. www.mhlw.go.jp/file/06-Seisakujouhou-12000000-Shakaiengokyoku-Shakai/0000046422.pdf.

③ 最近の社会保障関係費の動向について. 社会・援護局関係主管課長会議資料．www.mhlw.go.jp/content/12201000/000484809.pdf.

划的改革工程2018》中明确的关于到2020年度之前通用药品的使用比例达到100%的政策目标，2018年修订的《生活保护法》采纳了都道府县的关于医疗救助领域使用通用药品的意见，在第34条第3款，将通用医药品的使用法确定为医疗救助给付的原则，在医师等认为可行的情况下，对社会救助受助者使用通用医药品。

（四）对免费低额住宿机构的规制强化及独居生活困难者的生活援助

为了给免费低额住宿机构利用者的自立提供适当的援助环境，《生活保护法》的修改，强化了对免费低额住宿机构的规制。一是对于开办免费低额住宿事业的法人采用事先申请制；二是通过实施细则确立机构运营的法定最低标准；三是对于未达到法定最低标准的法人下达改善命令。与此同时，对于独居生活困难的社会救助受助者，创设向服务质量达标的机构提供必要的日常生活援助，以确保福祉事务所能够委托达标的免费低额住宿机构，为独居生活困难的受助者提供日常生活援助。

三、对两次修订的《生活保护法》的考察

通过对2013年和2018年两次修订的《生活保护法》的考察，可以看到，两次修订的均是针对1950年《生活保护法》难以适应经济社会发展新情况的部分，并未触及到《生活保护法》的基本原理和实施原则，《生活保护法》的修订和完善是在社会保障制度改革和经济财政再生的大背景下，作为社会保障制度改革和经济财政再生计划的重要一环而开展的，目的在于削减生活救助费开支在社会保障费用支出和国家财政预算支出中的比例。通过有效利用受助者自身的财产与收入，同时，促使扶养义务者履行其扶养义务，强化对受助者的生活、健康、就业、子女教育等方面的援助事业的公助责任，达到帮助受助者在生活、健康、社会生活融入方面的自立脱贫，进而确保社会保障制度的可持续性及经济财政再生计划的贯彻落实。

第三章　日本社会救助的原理

第一节　社会救助实施的原则

根据《生活保护法》第 7 条至第 10 条的规定，社会救助的具体原则如下。

一、申请救助的原则

《生活保护法》第 7 条规定，救助指的是贫困者本人或者对其有扶养义务的人或者与其同住的亲属代为申请救助，符合条件者方可得到救助。但特殊情况下，如贫困者在紧急情况下，即便没能申请救助，也能够得到必要的救助，但前提是贫困者需要符合救助的必备条件。也就是说，要获得救助，必须事先提交救助申请，但在紧急需要救助的情况下，如危及生命及身体的时候，即便没能提交申请，实施救助机构的主管责任人①为避免突发事件发生，可以行使行政权力向需要紧急救助的人实施救助（《生活保护法》第 19 条）。即便贫困者未能到现场申请救助，也可以得到负责人职务职责权力范围内实施的救助，在具体实施救助的过程中，由民生委员或委托近邻到就近的福祉事务所，通过申请而得到救助的情况比较多见。

申请救助者，一般是需要贫困者本人（必须是符合救助条件的人），或者是对贫困者有扶养义务的人，或者是其同住的亲属。

---

① 一般是都道府县的知事（相当于我国的省长），或市町村的主要负责人，市长、町长（区级建制的视为区长，町级建制的相当于街道办主任）、村长（相当于农村部的镇长）。

实施救助的责任人，主要是都道府县的知事、市长、管理福祉事务所的町村负责人。一般情况下，都道府县及市一级政府必须设置相应的职能部门，即福祉事务所，福祉事务所的所长是受命于都道府县的知事或市长，具体落实本区域社会救助的工作。

贫困者必须由本人或其扶养义务人、或其共同居住的亲属最先提出救助的申请，在紧急状态下，也可由具有该工作职责的工作人员提出申请。申请是贫困者的权利，《生活保护法》规定申请救助者要提交救助申请，申请形式不一定完全按照救助指南上规定的格式，可口头申请，也可书面申请。福祉事务所只要认定贫困者符合救助条件，福祉事务所就必须受理其救助的申请，若申请救助者符合条件却不予受理的，该福祉事务所的行为会被认定为违法行为。

二、适度保障的原则

《生活保护法》第 8 条第 1 款规定，救助是根据厚生劳动大臣①经过科学测算确定的社会救助标准的基础上，对贫困者拥有的财产或实物依然不能满足其基本生活的情况下，提供补足式救助（相当于我国的差额救助）。例如，其收入（劳动所得、养老金收入、亲属的援助等）未能达到国家规定的最低生活标准时，可以得到社会救助的保障。也就是说，社会救助支付的额度是“最低生活标准者收入的差额”，即不足部分才是获得的救助额度。

《生活保护法》第 8 条所指的社会救助标准，是根据贫困者的年龄、性别、家庭成员构成、所住地区，并参考其他救助种类进行综合考量后，才可以实施最低限度的救助，且不可以超越这一救助标准。所谓救助标准及适度救助，实际上指的是“要符合最低限度的生活需要，并且绝对不可以超越这一标准”。

由厚生劳动大臣设定的保障标准，是按照最低生活水平的需要设定的，当个人的收入，不能保障其维持最低生活需要时，其不足的部分则提供差

① 具体实施社会保障工作的职能部门负责人，相当于我国的人力资源社会保障部、民政部的部长。

额救助。保障标准因人而异，判断是否救助应全面考虑其个人及家庭构成的差异性，以及致贫的原因、需要获得救助的种类等，提供适度且有效的救助。当贫困者收入所得不能满足最低限度的生活需要时，方可向其提供救助。当家庭收入并不完全符合救助标准的情况下，也可以设定特别的救助标准。

其实，保障标准即便计算得再准确，也难以保证符合每个家庭或个人的实际生活的需要，因此，要整齐划一地用一个标准来衡量是否应该救助是十分困难的。对此，具体实施救助的政府部门需要避免僵化地执行救助制度。一般来讲，厚生劳动大臣需要通过公示的方式设定救助标准，通过行政公告的方式发布社会救助的实施纲要，使救助标准公开透明。

三、家庭救助的原则

《生活保护法》第 10 条规定，救助是以户为单位实施的，但在难以具体操作的情况下，也可以以个人名义实施。其中，“以户为单位”的认定，一般是同住一处并共同维持日常生活，但家庭成员在不同居住地居住，也可以认定同一家庭（户）的情况，同样也可以实施救助。即以户为单位的原则，在决定是否实施救助及给予何种程度的救助，要根据申请者所属的家庭成员的经济状况进行统合判断，如两人组成的家庭，其生活费用不能超过一人组成的家庭的生活费用的二倍。

在以户为单位难以判断的情况下，可以以个人为一户的原则认定，让要救助者得到救助，这种情况称为“人户分离”。例如，申请救助者与没有扶养义务的人同居的情况下以个人名义申请救助的情况；老年夫妻因妻子失能入住提供救护服务机构的情况下，也可以以入住者个人为单位申请“人户分离”的救助。

是否能被认定为救助的对象及救助到何种程度，采取以家庭为单位进行救助的原则，家庭是事实上的生活共同体，一般居住地及家庭生计维持是统一的。按照这一原则规定，共同生活的家庭成员一般会比独居家庭成员的人均消费水平要低，因此，按照家庭成员数量递减会导致救助效率低下，即家庭结构不合理的情况下，就可以向个人提供最低生活保障。还有，对提供的最低生活的保障水平，如不切合该家庭需要救助的现实情况，就可执行“人户分离”的方式提供社会救助。

四、需求对应的原则

《生活保护法》第 9 条规定，社会救助指的是要根据需要救助者的年龄、性别、健康状况等，统合考虑需要救助者个人或家庭的实际状况，有效并适当地实施救助。这一原则被称为应保尽保。也就是说，救助的类型、救助的水平、救助的方法，一是要依据个人的实际情况实施救助，二是救助的标准要结合需要救助者的年龄、性别、健康状况等，对其个人或家庭提供与其相适应的行之有效的救助方式。

针对这一原则，《生活保护法》第 2 条规定的“无差别式平等救助的原理”指的就是所有国民，只要处于贫困状态均可无差别地得到救助，但具体实施救助的内容及方法，则要根据要救助者个人的实际状况来决定给予何种方式的救助。

第二节　社会救助的管理办法

一、实行差额救助

日本社会救助的目的是对那些即便穷尽所有的财产及个人所具备的能力都不能令其摆脱贫困状态的个人或家庭实施救助，以达到促进贫困人口能够维系其生活自立的目的。日本《生活保护法》规定，社会救助的标准要结合贫困者的年龄、性别、家庭构成、生活地域等维持生活的必备情况等进行综合考量后，来提供满足最低限度的生活需要（《生活保护法》第 8 条第 2 款）。救助支付的内容见表 3-1。

表 3-1　日本社会救助规定的支付内容

维系生活产生的费用	对应的救助种类	支付的内容
日常生活必要的费用	生活救助	标准额： ①食品费等个人需要的费用（依不同年龄计算） ②光、热、水、电费等家庭通用的费用核算（依家庭成员计算） 特定的家庭有增加额度的算法（如残疾人增额）
义务教育所需要的学杂费	教育救助	按规定的标准额度支付
简易住宅的租金	住房救助	在规定的额度范围内支付住房租金
医疗服务的费用	医疗救助	费用直接支付给医疗机构（受助者本人不负担）
护理服务的费用	护理救助	费用直接支付给提供护理服务的机构（受助者本人不负担）
生育费用	生育救助	在规定的额度内按实际费用支付
职业技术培训所需要的费用（含高中就读所需要的费用）	就业救助	在规定的额度内按实际费用支付
丧葬费	丧葬救助	在规定的额度内按实际费用支付

二、救助标准确定的方法

关于救助标准确定的方法，日本政府是在综合考虑受助者年龄、居住区域、家庭成员构成情况、性别以及各类援助项目的基础上，由日本厚生劳动省统一制定社会救助标准。对于那些特殊类型的贫困群体，日本政府又将其所在家庭分为四种类型，即三人家庭（33 岁男，29 岁女，4 岁孩子）、老年单身家庭（68 岁女）、老年夫妇家庭（68 岁男，65 岁女）和单亲母子家庭（30 岁女，4 岁孩子，2 岁孩子）。

具体来说，一个日本家庭得到救助标准的确定公式是：

最低生活费=一类生活救助+二类生活救助+特殊家庭增额+专项救助额-收入

上述公式中，一类生活救助按照年龄又分为八个等级，主要是以食物和衣服为主的个人日常支出；二类生活救助按照地区又分为六类，主要是以水电、煤气和取暖费为主的家庭日常支出；单亲母子家庭、残疾人、学龄儿童、住院人员则享受特殊家庭增额的津贴。[①] 此外，根据受助家庭的不同需求，又提供生活救助之外的七类救助项目为必要的专项救助项目。

三、救助机构的管理办法

日本实施社会救助的政府管理机构是福祉事务所，具体实施救助的机构分为：生活救助机构、医疗救助机构、职业介绍所、社会居所提供机构。

（一）《生活保护法》的实施主体

1. 政府管理机构

政府是《生活保护法》的制定者，也是救助经费的提供者。日本《生活保护法》第 19 条至第 23 条规定，《生活保护法》由地方政府的知事、市长以及管理福祉事务的町村长来负责管理实施，属于政府的委托工作。也就是说，由地方政府知事、市町村长委任的福祉事务所所长来具体负责实施工作，社会福祉主管是实施救助的主要责任人，民生委员辅助其实施救助。厚生劳动大臣负责政策制定、指导和监督职能部门的工作，都道府县的知事负责指导和监督市町村长的救助工作。

作为日本实施社会救助的职能部门，即福祉事务所，要依法对管辖区域内获得救助资格的救助对象实施救助，包括 2 类救助对象：一是有固定住所的救助对象；二是居无定所的救助对象。一般来讲，有固定住所的救助对象，在接受救助期间，福祉事务所将根据救助对象的救助需求情况，既可以安排救助对象居家接受救助，也可以安排救助对象到救护机构接受救助。

关于实施救助的具体工作，福祉事务所是实施救助的主要工作部门，但其也可以将救助工作任务，委托给其他政府管理部门（前提条件是不能影响其他政府管理部门的正常工作）代替福祉事务所行使救助管理工作的权利。对那些不设置福祉事务所的町村（相当于我国的乡镇），在町村管辖区域内，对需要紧急实施

① 资料来源于日本厚生劳动省网站：http：//www. mhlw. go. jp/wp/hakusyo/kousei/14-2/dl/08. pdf.

救助的救助对象，町村的负责人可以直接行使取应急救助的权利。

为依法实施救助，町村的负责人救助工作的职责是：一是要及时发现需要救助的贫困者，及时掌握其家庭的生计情况。当贫困者发生紧急情况需要提供救助时，应立即通报福祉事务所或实施救助工作的其他政府管理部门，对符合救助条件的贫困者及时实施救助；二是对已经成为救助对象或者想申请变更救助种类的救助对象，要及时将救助对象的相关申请材料提交到福祉事务所或实施救助工作的其他政府管理部门；三是要求救助对象按照救助工作的要求，及时提交家庭收入的相关信息资料；四是要求救助对象按照救助业务工作审查的要求，接受家计调查。

2. 实施救助工作的责任

福祉事务所或其他实施救助工作的政府管理部门，对身体上或精神上有明显的身心障碍、居家维持日常生活有困难的救助对象，要安排其进入以实施生活救助为目的的救护机构；对需要接受医疗服务的救助对象，要安排其进入以实施医疗救助服务为目的的救护机构。

（二）社会救助的管理方式

1. 社会救助的管理程序

日本《生活保护法》第 24 条至第 29 条规定，从申请到获得救助的程序需要经过：提交申请——接受家计调查——确定救助——通告结果等程序。实施救助工作的政府管理部门，必须依法受理救助申请，并对申请者的家庭财产等生活状况进行家计调查后，经过审核来决定是否可以对其实施救助，并必须在 14 个工作日内（极为特殊的情况可在 30 日内）向申请救助人员发出是否予以救助的决定通知。需要紧急救助的情况下，也可按照职责权限，及时决定实施救助并发布通告。如不符合救助条件，福祉事务管理机构也要迅速作出救助的终止决定，并及时通告申请救助者。是否救助需要进行书面通告，在通知单上还必须说明是否救助的理由。

福祉事务管理机构在实施救助之前，要对申请者的家庭财产进行深入调查后才能决定是否实施救助。为了调查贫困者的身体状况，可指定医院或医生等对申请救助者进行诊疗。福祉事务管理机构要充分尊重贫困者的人权，尽可能在对申请救助者影响最小的范围内，对贫困者想要达到的提升维持生计水平的诉求进行必要的帮助和指导。关于深入调查、指定诊疗服务机构、积极接受救助帮助和指导等，尽管不具有法律的强制力，但申请救助者如无正当理由拒绝上述要求和做法的，福祉事务所将驳回其要救助的申请，并将受到救助中止、废止等处罚，这自然也成了事实上的强制执行。因此，管理机构要顾及贫困者的个人隐私和对人权的保护，对上述强制执行的做法，需要采取谨慎的态度并选择恰当的执行方式。

2. 日本社会救助管理机构的设置及管理的现状

日本社会救助管理机构是在都道府县、市级，以及设置福祉事务所的町村的职能部门进行救助管理。都道府县及各市设置的福祉事务所，要针对受助者家庭提供专业的经办人员。

关于日本政府在全国设置的福祉事务所的情况，根据厚生劳动省的数据统计，截至 2018 年 4 月 1 日，全国设置了福祉事务所 1 248 所（其中都道府县级 207 所，市级 998 所，町村级 43 所）。[①]

关于救助职能部门工作人员的编制制定标准，厚生劳动省对福祉事务所工作人员的编制数规定为：（市级）受助家庭 240 户以下的，标准定员为 3 人，每增加救助 80 户家庭追加 1 人；（都道府县）受助者家庭在 390 户以下的，标准定员为 6 人，每增加救助 65 户家庭追加 1 人。

关于救助资金负担的规定，社会救助经费为国家财政负担总经费的 3/4，地方财政负担总经费的 1/4。

第三节　社会救助的原理

1950 年以来，日本经历了战争灾害到经济复兴再到经济高速发展阶段，其经济社会发展的结果是国民生活水平得到较大程度提高。1950 年日本政府颁布的《生活保护法》是日本现代社会救助制度确立的标志。尽管实施以来作了 2 次

① 数据来源于日本厚生劳动省网站。

修订，但都没有大幅度的调整，2013 年也只是对个别的内容作了修改。可以说，日本《生活保护法》的核心内容，依然是 1950 年发布的法律，其救助的种类包括：生活救助、教育救助、住房救助、医疗救助、生育救助、护理救助、就业救助和丧葬救助等八项救助内容。救助的目的是要保障所有贫困人口获得最低生活保障水平的同时，帮助并促进贫困人口生活自立。《生活保护法》在制定之初是根据当时的经济社会发展水平制定的，这一制度之所以一直延续至今，说明制度的设计具有前瞻性，是较为先进的社会保障制度之一。

一、生存权保障及自立促进的原理

（一）基本含义

《生活保护法》是日本《宪法》第 25 条规定的生存权保障理念的具体再现，作为保障受助者最低生活并促进其自立的社会救助，这不仅体现了生存权保障的原理，也明确规定了国家有责任保障贫困人口的基本生存，政府是直接的责任主体，国家的财政是对贫困人口实施救助的资金来源。具体实施社会救助工作的是都道府县的知事、市长及管理社会福祉法规定的社会福祉事务所所长及町村之长（《生活保护法》第 19 条第 1 款），都道府县知事也可以将相应的职能委任直属的行政机关（《生活保护法》第 20 条）。政府对凡经审查符合救助条件的贫困人口，其救助资金的 3/4 由中央一级财政负担（《生活保护法》第 75 条第 1 款第 1 项）。

生存权保障的原理与自立促进的原理均属于目的性原理。其自立促进的含义体现在：那些因生活困窘而严重威胁到个人的生活尊严，严重阻碍了个人经济上、精神上乃至于人格的自立等，通过提供社会救助，以避免贫困人口受到社会排斥。也就是说《生活保护法》是以保障贫困人口享有最低限度的生活保障权利为目标，通过实施社会救助，让贫困人口免于因贫困而导致难以维系正常生活及生活自立的困惑。尽管从政府管理的角度实施社会救助的目的是要促进国民生活的自立，但也不能将促进贫困人口生活自立理解为是避免养懒汉的政策手段。

（二）社会救助的范围

一般来讲，《生活保护法》救助的范围，原则上限定在拥有日本国籍的国民，然而有很多在日生活的外国国籍拥有者，在得不到拥有国籍的国家所提供生活救助时，也可以作为行政上的特例来实施社会救助。如那些拥有永住资格的在日外国人，其使用的语言及其他生活习惯均与日本人无差异，一旦需要社会救助，这些人就可以参照日本国民的待遇，公平地受到《生活保护法》的保护。

对这些行政上特例的要救助的外国人，与其他外国人进行救助审查的程序是不相同的。具体体现在：一是属于因第二次世界大战后国家独立而在日永住的朝鲜人和中国台湾人在日生活处于贫困的，向所在生活居住地的福祉事务所出示外国人登记证明书，并提出社会救助申请的，福祉事务所将对申请书中记载的内容和外国人登记证明书所记载的内容进行比对审查后，符合社会救助条件的，可以获得社会救助；二是对其他外国人生活处于贫困的，除了申请救助的程序与具有永住资格的朝鲜人和中国台湾人相同的程序，福祉事务所还要及时将提交的申请书复印件及外国人登记证件等资料，提交到都道府县并报告到知事，由知事审查并确认那些符合救助条件的外国人，在不能得到其他相应形式的救助措施后，方可向其提供必要的救助措施。《生活保护法》对突发性的贫困问题，社会救助审批程序将不受此条件限定（见《关于对贫困外国人的社会救助措施》）。近年来，日本社会针对非永久居住的外国人，因不符合日本国籍或永住的要求，即便生活困难也得不到社会救助的权利的讨论也较多，很多学者提出应从法律上对保护外国人的生存权进行立法，特别是对特别重大的伤病等实施紧急救治是出于对生命本身的尊重，对贫困人口提供的社会救助不应该受到是否拥有日本国籍和在留资格的条件限定，应该无条件实施救助。对此，日本也通过大病医疗救助的方式，来解决那些因无能力支付高额医疗费用的日本国民和在日外国人的高额医疗费的问题。

（三）责任主体

日本《生活保护法》明确规定，对国民生存权利予以保障是政府的责任，并且《生活保护法》中的生活救助涉及面较广，也就是说，居民生活水平只要低于最低生活保障标准，就可以申请社会救助，只要审查合格就能够成为社会救助的对象。社会救助的管理服务，主要是通过福祉事务所提供的规范化和专业化的服务来体现的。

依据社会救助的政府责任理念，具体体现在：一是政府是社会救助的主体责任者，救助的内容体现在政府所管辖的各项社会福祉事业的管理内容中《社会福祉事业法》第6条；二是政府设置专门的《生活保护法》管理机构，由国家财政提供经费支持（《生活保护法》第19条、第70~75条）。另外，日本实施的社会救助是以促进受助者的生活自立为目的，而不是以预防懒汉为目的的保障预防政策，社会救助提倡以积极的政策促进受助者提升生活自立促进的理念，以向受助者提供生存性保障为最终目的。

二、无差别平等救助原理

（一）基本含义

日本《宪法》第14条规定“法律面前人人平等”原则，《生活保护法》第2条规定“所有国民，依据法律规定的必备条件，都依法享有最低生活保障的权利”。这一规定的宗旨体现在国民拥有申请受助的权利，且所有的国民只要符合法律规定的条件，均可享受到无差别平等待遇。该规定明确了申请社会救助具有普惠性，由申请人向政府提出救助申请，只要符合法律规定的条件，即可平等地享有被保障的权利。社会救助也可以理解为：受助者不仅是享有国家提供的保障权利，还享有国家提供的维持其健康且文明的最低限度生活保障权利。

所谓无差别平等，是指贫困者家庭成员因伤残、受灾、失业或家庭主要劳动力死亡而落入贫困状态，符合社会救助规定的必备条件，不区分性别、信仰、种族、人权、社会地位、家庭成员、性格特征等，只要提出申请，均可获得社会救助的保障。即便是丈夫被捕入狱，妻子在没有收入的情况下，同样拥有申请救助的权利。也就是说，所有的国民均拥有无差别地请求救助的权利，即便申请者个人品行不端，也可以成为受助对象。

（二）救助的理念

战前的日本，在社会福祉事业领域有《军人优抚法》，即军人及其家属享有绝对的优厚待遇，这从法律上就可以明显看到军国主义遗留的痕迹。战后GHQ制定的《生活保护法》废除了《军人优抚法》等战前松散的公共扶助相关的法律法规，把《生活保护法》作为囊括所有松散的救助法律，用统一的制度向贫困人口提供救助，1946 年颁布的（旧）《生活保护法》也充分体现了这一特点。

申请救助者是否能得到救助，只看其现在生活是否处于窘困状态，只问家庭收入是否能维持家庭的生活状态。在 1950 年颁布的（新）《生活保护法》中，删除了 1946 年颁布的（旧）《生活保护法》中规定的“无论是否具有劳动能力，只要无努力工作的意愿、怠工、不努力维持生计、品行不良者，均无资格接受救助”的规定，明确规定成为社会救助受助者的三个必备条件：必须是日本国民（特例外国人除外），以接受社会救助为目的的受助者，必须满足财产调查、劳动能力的确定及拥有其他财产折算①的要件。该法案第 4 条第 3 款又规定，在迫不得已应急的情形下，也可以不适用上述的条件规定，可直接对申请救助者实施救助。

关于对“国民”实施救助的规定，政府以往主张救助对象必须是拥有日本国籍的国民，但从人权道义上、社会治安上乃至于外交关系上，都不应该放弃对处于生活困窘状态的外国人提供救助。对此，日本政府于 1954 年发布了《社会救助法备用规定》；1981 年伴随着《难民地位条约》的批准，日本政府又制定了《难民条约关系整备法》（1981 年法 56 号）、《国民年金法》等，废除了对国籍相关的规定。以往对外国人救助采取的救助备用的办法，经修改后明确规定，必须适用《生活保护法》，但《社会救助法备用规定》是政府管理职能所不能超越的，必须以法律形式明确规定，但这不仅包括保障外国人的救助请求权问题，也包括解释救助不服的申诉权问题。

（三）救助请求权

救助的请求权，既包括享受国家提供的救助权利，也可以理解为贫困者也享有要求政府能保障其维持健康且文明的最低限度的生活保障权利。

关于请求权，《宪法》第 25 条第 1 款规定，国家应将全体国民能够维持其健康且文明的最低限度的生活水平作为基本国策，即《宪法》明确规定了国民的生存权保障，强调国民有要求国家在立法及其他国家政务方面履行政府责任的权利。该规定并没有对各个国民赋予其具体的权利，只是说明每个国民理所当然地

① 所谓的“财产折算”是指申请救助的贫困人口，其家庭中只要拥有“可以利用的财产”能够用于其家庭维持最低标准的生活需要，就可以认定为由受助对象保留使用，除此之外的财产由提供社会救助的行政管理部门折算为受助家庭的收入。

具有接受政府实施社会救助的请求权利。国民为了取得社会救助的请求权，就必须符合《宪法》第 25 条明文规定的条件，社会救助就是政府承担保障救助请求权职责的具体体现，《生活保护法》第 2 条其实已经明确了救助的请求权问题，但享有救助请求权者必须是生活贫困者，并能在有效利用其财产能力等（《生活保护法》第 4 条第 1 款）的基础上，才能够得到救助。

三、最低生活保障原理

（一）基本含义

日本《生活保护法》第 3 条规定，受助者被保障的是最低限度的生活，是必须让受助者能够维持健康且文明的最低限度的生活水平。

所谓健康且文明的最低限度的生活，并不是指像动物一样维持基本的生存保障，而是政府要拥有保障“健康且文明的”生活的法律上的责任。生存权不仅仅是要保障受助者最低限度的生活水平，而且要保障受助者能够拥有追求健康且文明的生活权利。

日本《生活保护法》保障的是“最低限度（Minimum）”的生活水平，但并非是最低（Lowest）的意思。不是指人生存所必需的最低生活水平的，而是健康且文明的最低生活水平。要理解最低生活水平的具体标准，就需要结合申请救助时的国民生活状况来确定。这里可以理解为不仅仅是满足贫困人口衣食住行的基本需要，还要体现出受助者在社会上能够享有生活品质的保障。因此，最低限度的保障就应理解为是人的生活不可或缺的健康且文明的生活保障。

（二）最低限度的保障标准

关于最低生活限度的界定问题，指的是拥有健康且文明所需要的最起码的生活，它是一个抽象的、相对的概念。随着日本社会的文化及经济的高速发展，作为人们生活的最低标准，理论上讲，是在申请救助时的特定的时间节点上，由客观事实来决定的谁可以成为救助的对象。关于救助的裁量权的界限问题，主要还是依据生存权所必要的保障为前提，需要被全社会所公认。由于救助标准的确定存在很多不确定性因素，因此，政府及最高法院均不能自由裁定。即便由厚生劳动大臣权衡利弊来决定的救助标准，如无视现实的生活条件，设定较低的救助标准，也是不被社会所认同的。

四、补足性救助原理

（一）基本含义

《生活保护法》第 4 条第 1 款规定，救助是指那些生活困难者，应充分利用其家庭可用的财产、能力及其他一切资源，以此来维持其最低限度的生活，是申请救助的必要要件。社会救助是在其穷尽所有的生活能力后，仍然不能保障其维持日常生活的情况下，通过社会救助来进行差额救助。

《生活保护法》第 4 条第 2 款规定，“民法规定的扶养义务人的扶养和其他法律规定的救助，均优先于本法来提供保障”。社会救助是指得不到民法规定的扶养义务人的扶养及其他法律（主要指的是《残疾人福祉法》《儿童福祉法》《老年人福祉法》）规定的保障的情况下，方可实施补足性救助，即差额救助。然而，《生活保护法》也并未把得不到亲属的扶养作为接受救助开始的必要条件。

日本《民法》规定的扶养义务，有夫妻间的扶养义务、对未成年子女的抚养义务，主要指的是要保障对方拥有与自己同样生活水准的义务、直系亲属（如父母、祖父母、子女、孙子女）、兄弟姐妹的相互扶养义务、特殊情况下的三代内亲属（祖辈父母和叔伯姑母含姨舅等亲属）间的扶养义务等，是扶养者在生活条件有富余的情况下，对贫困者提供扶养的义务。

上述无论是何种情况，均要求强制扶养必须在法院履行必要的手续，《生活保护法》第 24 条第 8 款规定，救助实施机构（福祉事务所长）在救助开始时，要确认申请救助者没有得到亲属的扶养，并以书面形式通知扶养义务者。《生活保护法》是以没有得到扶养义务者扶养的人提供救助为前提条件。

《生活保护法》第 4 条第 3 款规定，“前第 2 款的规定，在遭遇突发性事件的情况下，不能妨碍对贫困者提供必要的救助”，指的是在紧急情况下实施救助的机构，可以不拘于补充性原理，对贫困者可以进行必要的救助。也就是说，生活贫困的人口要成为社会救助的对象，必须将其家庭能够折算的财产折合成家庭收入，并以其是否达到能维持最低限度的生活水平作为实施救助的前提条件。《生活保护法》第4条还规定，所谓补足性救助是指要救助者为维持自己的生活，在穷尽个人所有财产并折算为家庭生计资本，财产折算后仍不能维持最低限度的生活水平时，政府可提供救助金作为补充其生活费用的不足部分。补足性救助也可理解为中国社会救助中的差额救助。

（二）补足性原理

补足性原理是由财产及能力相关的资源进行有效利用、亲属扶养优先、他法优先等原则构成的，不过，关于补足性原理，《生活保护法》第4条规定，对突发性事件导致贫困，可采用救助的应急措施。也就是说，对那些从条件上看并不符合实施补助性救助的贫困者，如面临生存危机的时刻，则从人道主义出发，采取应急性救助，这种应急性救助的措施也称为紧急救助。

日本的社会救助是以国民缴纳的税金为救助的财源，基于社会救助基金收支平衡的原理，自然要求受助者将家庭内的财产及能力进行家计收入折算。所说的财产折算，指的是动产和不动产的合理折算，最低限度生活水平的维持是需要一定的财产支撑的，但并不是说要将家庭所有的财产都折算成最低的生活费用，如生活必需的住房、耐用家电（电视、冰箱、空调等），是可以持续拥有和使用的。所说的能力利用，指的是劳动能力的有效利用，也就是要求受助者通过就业及其他的临时性工作获得收入来维持家庭生活。对按规定接受就业指导的受助者，还需要尊重受助者的健康权、工作权（适应性工作岗位的选择权）以及受教育权。受助者如符合承担的扶养义务，并按照法律规定缴纳了养老金等，还可申请优先受助。这里的优先救助，主要指的是受助者必须履行了扶养义务，以及完成了相关法律规定，履行了国家规定的相关缴费义务之后才可以得到优先救助。

第四章　日本社会救助的实施

日本社会救助的目的是保障国民能够维持最低限度的生活水平，国家对那些低收入群体，即即便用上其家庭所有的财产，尽了自己最大的努力依然处于生活贫困状态的人口，可以根据其家庭生活困难的程度，通过社会救助制度，来保障其家庭维持最低生活水平，并帮助其逐渐脱离贫困，能够独立地维系生活。

截至 2018 年 12 月的统计数据显示，日本社会救助的实施情况是，全国共有 210 万人享受了社会救助，全国平均社会救助比率为 1.66%，最高的地区为 2.5%，最低的地区不到 1%。2019 年日本全国共支出社会救助费 3.8 兆日元，约一半的金额都是医疗救助的支出。随着人口老龄化的加剧，老年人口受助者每年也在大幅度增加，2018 年 65 岁以上受助者占全部受助者的 47.4%。①

第一节　日本社会救助实施的要领

一、受助家庭成员的认定方法

（一）非同一居住地却认定为同一家庭的情况

原则上在同一住所居住且一起维系生计的家庭成员，可作为同一个家庭来认

① 日本第 1 回生活保護基準の新たな検証手法の開発等に関する検討会．生活保護制度の概要等について．2019-03-18.

定。不居住在同一居住地的情况下，需要认定为同一家庭的时候也是可以认定的。对其判断的准则是：

第一，因外出务工、因孩子接受义务教育不得不寄宿在其他地方的；

第二，夫妻间及未成年的子女（初中三年级以下的孩子）不得不寄宿在其他地方的；

第三，因经商或工作的关系，将子女托付他人并寄送生活费的；

第四，因生病住院或入住护理老人保健机构的；

第五，入住职业能力开发学校等的。

如有上述情况，均可以认定为同一家庭成员。

（二）同一居住地却认定为非同一家庭的情况

需要明确的是，即便被认定为同一家庭，在出现下列任何现象的情况下，也可以视为非同一家庭成员。

第一，家庭成员中有劳动能力，却不去为获得收入而努力工作，则不可以获得救助。但其家庭成员在无法工作的情况下，也可以不认定为同一家庭成员。

第二，需要救助者当没有扶养义务的成员，居住同一住宅的情况下，不适合认定为同一家庭成员（即便与家庭成员有血亲关系的人，居住同一住宅，如果进行住户分割，救助家庭只能限定在需要受助的家庭成员）。

第三，非受助的家庭成员，以照顾受助家庭成员的日常生活为目的而入住该受助家庭的情况下，也认定为非同一家庭成员。

第四，家庭成员中有卧床老人或重度精神残疾人，需要日常护理或看护的情况下，受助者仅限于需要照顾的人。

第五，原生家庭成员被认定为即便获得救助也难以自立生活的人，如需要住院或入住救护机构达 6 个月以上的患者，其原生家庭没有扶养人的，或扶养人长期患病住院或住院达 1 年以上的，曾经持续长期住院或入住救护机构的；或因预防传染及患传染病患者等，如公费负担入住精神保健机构、精神病疗养机构、持续住院的并且以康复为目的而入住救护机构的；或长期住院或入住救护机构导致与家庭成员分离的，在出院或退出救护机构 6 个月以内再次住院或入住救护机构的，并需要长期住院或入住救护机构的。

第六，长期住院或入住救护机构达 6 个月以上，或需要再次住院或入住救护机构以外的情况下，特别是 6 个月以上住院或入住救护机构的患者家庭成员中即便有扶养义务且有收入的，但被认定为无助于患者生活自立的。

第七，在同一家庭成员中没有扶养义务的人，在有收入的情况下，属于结婚、调换工作的，在一年以内独立生活，则不视为同一家庭成员。

第八，救护机构、老年人救护机构、特殊救护养老院或者护理老年福祉机构、残疾人援助机构、儿童福祉机构（限定于残疾儿童入住的机构）的入住者（在残疾人援助机构，因患有重度残疾导致长期入住机构的）和原生家庭成员认定为同一家庭成员，因无法长期一同居住的（受助者与原生家庭有扶养义务的成员分离的情况下，其原生家庭也被认定为受助家庭）。

二、实施救助的责任

实施救助的责任，是根据要救助者的事实居所来确定其居住地及所在地，然而，现在即使没在固定居住地，临时在其他处居住的，一段时间后仍然返回原有居住地持续生活的情况下，就需要在甄别并认定家庭成员的基础上，再认定居住地。

对没有居住地的住院患者及护理老年福祉机构的入住者，原则上由其所在地的医疗机构，或者护理老年福祉机构所在地的救助实施机构担负救助的责任，只要符合下列规定的条件即可实施救助。

第一，没得到救助的单身者无居住地，但在住院或入住机构的情况下，随着医疗救助或者是护理救助或者是住院或者是入住机构，符合生活救助条件的，只要其申请救助，就要先联系救助的实施部门，申请救助者的所在地（如符合条件的单身者，因疾病住院的情况下，不能向发病地所属的救助实施机构提交申请或不能取得联系的问题被证实，且住院后直接向救助实施机构申请或取得联系的情况下，就视作发病地）所属的救助管理部门就要担负起实施救助的责任。

第二，住院或入住机构之前的居住地，需要将贫困者的家庭财产保管起来，在受助者回归家庭后的居住地依然是原来居住地的情况下，实施救助的机构依然要担负起实施救助的责任。

第三，除了原住地负责实施救助以外，当住院或入住救助机构而无原居住地的；还有住院或入住救助机构后，3 个月以内因住院及入住救助机构的原因而无住所的（住院或入住救助机构超过 3 个月申请救助的，申请提交时无住所的除外），由医院或救助机构所在地的实施救助的管理部门承担救助的责任。

三、财产的认定

对家庭拥有的可利用的财产，可以作为最低生活费用来维系最低限度的生活的，原则上是要求贫困者将家庭财产变卖，以获得收入作为生活费。对难以处置的财产，可以考虑通过出租获得收入。

（一）处置或持有财产的认定

第一，通过处置财产获取的收益，必须能维系申请救助者的基本生活。假如通过财产出租比处置财产更能让申请救助者持续地获取收益、促进其自立生活，申请救助者就可持续持有。

第二，若该财产暂时不处置，将来更能促进其生活自立的财产，申请救助者可持续持有。

第三，若财产明显属于立刻处置有困难的财产，申请救助者可持续持有。

第四，若处置财产需要花费高额手续费的财产，申请救助者可持续持有。

第五，社会风俗所限不宜处置的财产，申请救助者可持续持有。

另外，关于财产持有的限额及对该财产的使用问题，只要符合法律相关规定，即便超过持有财产的额定标准，申请救助者也可持续持有，但需要申请救助者对财产进行申报。申报的信息有：财产的有无、持有财产的额度、财产的状态等信息。这些信息需要申请救助者以书面形式提交，还要同时提交相关佐证材料，特别是对不动产的持有信息，申请救助者成为救助对象后，也要定期申报财产的持有情况，必要时还要接受财产调查。

（二）财产的认定种类

财产种类包括：不动产、实业经营性用品、生活用品、其他物品等。其中，不动产主要包括土地（宅基地、自耕地）、房屋（自住房屋、营业用房、出租房屋）等；实业经营性用品指的是兴办实业所用的专用设备，机械器具、商品、家畜，根据其营业项目性质及地理条件来综合判断，其拥有的程度要与当地的低收入家庭的收入进行权衡考量。

此外，兴办实业的家庭成员是否在利用这些用品来维系家庭的最低生活，约在1年以内（实业专用设备要在3年以内）利用这些设备会让其家庭收入获得显著增加的；生活用品包括家具及生活器皿（生活必需品可持续持有）、趣味装饰品（出售收益微薄的装饰品可持续持有）、贵金属及债券（不可持有）以及其他物品（出售收益微薄的物品可持续持有）。

（三）财产的认定方法

1. 可持有的生活用品的认定

其一，生活用品有乐器、电视、相机、音响、趣味装饰品等非日常生活必需的物品，可视为其他物品，出售收益微薄的可持续持有；

其二，有价证券指的是股票、国债、投资信托的收益证券等不可持续持有（对那些未公开发行，一时难以处置的有价证券可暂时持有，但在接受救助后可以处置有价证券时，要对获取的利润重新进行核算后，再计算实际应获得救助的额度）。

2. 可持有的私家车的认定

可持有的私家车认定的基本条件：残疾人就业通勤必备的私家车；或居住在交通不便利的地方，在往返工作岗位时需要使用私家车通勤的车辆；或所在单位地理位置偏僻难以借助公共交通通勤，必须要使用私家车通勤的车辆；或从事夜间工作，需要借助私家车通勤的车辆。

私家车是否应该持续持有的认定，需要根据家庭成员的具体情况来判定。

第一，不得不借助私家车通勤的家庭成员，同时，又是家庭经济收入来源的主力，可持续持有私家车。

第二，对居住地私家车的普及率进行综合判断，如失去私家车后，家庭收入与低收入家庭的收入出现明显反差的，可持续持有私家车。

第三，私家车处置的价值不大，但对通勤又十分必要的，可持续持有私家车。

第四，用私家车通勤所获取的收入会导致车辆维修费大幅度增加的，则不可持续持有私家车。

私家车持有的具体认定方法涉及的问题，例如，接受救助开始时因失业、受伤等导致就业中断情况下的通勤用私家车的持有问题，残疾人为往返医院利用便捷的私家车的持有问题，对认定为可持有的私家车的更换问题等，在财产认定中均有明确的规定。

3. 申请救助时对保险金的认定

一般情况下对已经加入的保险，中止保险后所获得的返还资金需要作为财产来使用，但返还金额微薄的情况下，仅限于与本地区一般家庭收入相比，如果反差较大的情况下，其受助后得到的保险金或解约返还金，要按照《生活保护法》第 63 条①规定，超过救助标准的要返还救助金。

4. 救助申请时对学费保险的认定

符合救助条件的受助者接受救助后，凡是得到保险期满的保险金（含一次性提取金），以及解约返还金，受助开始时的保险解约返还金额的确认，要以符合《生活保护法》第 63 条的规定为前提，即便不解约学费保险，也可以获得救助资格。如同一家庭成员中有 18 岁以下的孩子，其家庭成员可以得到保险期满的学费保险金（含一次性提取金）；到期保险金（含一次性提取金）或保险期满前解约的返还金，用在支付同一家庭成员中的孩子学费为目的的，是可以获得救助资格的；救助开始时一户家庭的解约返还金额在 50 万日元以下的，是可以获得救助资格的。

5. 持有长期贷款住宅的救助申请认定

用长期贷款持有的住宅，还贷期间将用于支付生活费用的救助金往往会成为还贷资金，原则上是不适用救助的。

---

① 按照日本《生活保护法》第 63 条规定，受助人在紧急的情况下，救助管理部门可不了解要救助家庭的财力即可提供紧急救助，当正式批准成为受助对象时，则由都道府县及市町村支付救助金，受助家庭原来得到的紧急救助金，超出规定额度的救助金要返还。

四、劳动能力的认定

申请救助者在具有劳动能力的情况下，需要借助其劳动能力，以维系其最低限度生活的。

1. 关于是否有劳动能力的问题，要将其具体的劳动能力作为判断的前提，还要判断其是否有劳动意愿，是否能到工作岗位去工作。对申请救助者的劳动能力综合判断，需要组织个案会诊或劳动能力审议会议来讨论决定，对劳动能力的评判，不仅要从年龄、医学层面进行判断，还要就其拥有的从业资格、生活经历、职业经历等进行研判分析后客观地认定。

2. 关于是否有劳动意愿的判定，主要是求职状况报告书的本人申报，根据其求职活动的实际状况来具体把握，如前述的年龄、医学层面、从业资格、生活经历、职业经历等综合评判其所具备的劳动能力，是否认真地践行了求职活动。

3. 关于是否取得就业机会的评判，也是用上述综合劳动能力的评价为前提条件的。判断时要根据本地区从业人员招聘数量及招聘内容等客观的信息，甚至包括对育儿和护理等因素来对影响贫困者就业的原因进行综合判断。

对正在从业的劳动能力认定，同样也是依据要救助者的年龄、医学层面、从业资格、生活经历、职业经历等进行综合判断。

五、扶养义务的判定

贫困者有扶养义务人，就需要扶养义务人来扶养或提供援助，此种情况下，也需要对贫困者进行指导。按照日本民法规定，扶养义务人履行扶养义务是提供救助的先决条件。

判断扶养义务人是否存在的方式有：申请救助时，申请救助者需要向救助管理部门告知是否有扶养义务人，必要的情况下需要提供户籍簿来确认。扶养义务人分为绝对的扶养义务人和相对的扶养义务人。所谓相对的扶养义务人，指的是申请救助者及所在家庭担任扶养责任的人；申请救助者及所在家庭曾得到过扶养人的扶养等，且要判断其是否具备扶养能力的。

关于扶养义务人的范围，如图 4-1 所示。

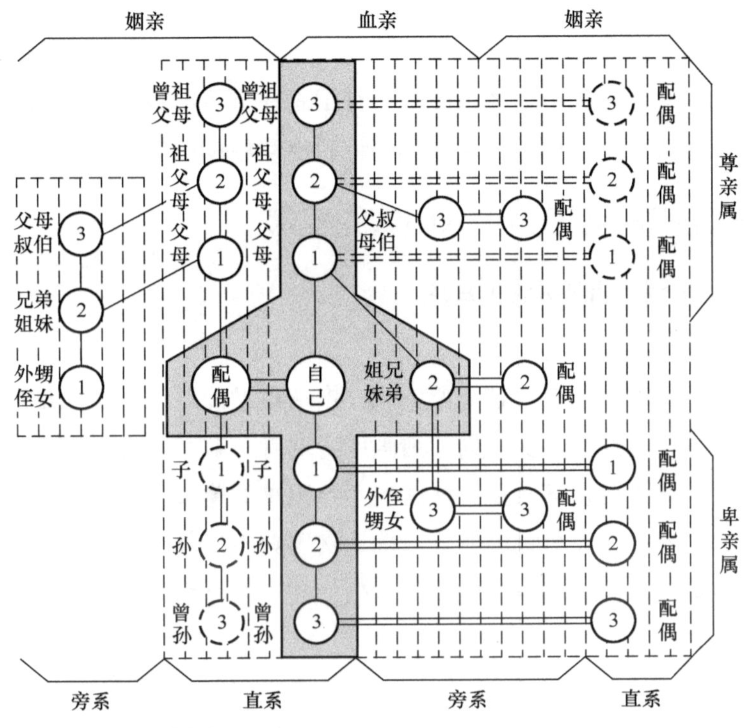

图 4-1　扶养义务人的范围

资料来源：生活保护指南. 东京：中央法律出版社，2019：254.

第二节　日本社会救助的申请及救助方法

社会救助原则上必须申请才能受理，贫困者在进行申请救助咨询时，救助管理部门要慎重接待，尽量避免出现侵犯咨询者申请救助权的行为。

一、贫困者从咨询到进入申请的程序

（一）社会救助的办理手续

1. 申请前的咨询

自认为生活贫困，且有申请意愿的人，申请救助前可以通过电话或者现场咨询的方式进行。相关经办人员会向申请救助咨询者了解其生活的基本情况，提出关于财产及个人能力开发等其他方法解决生活困难的建议。与此同时，也要对社会救助制度的内容加以充分地说明，以确认贫困者申请救助的意愿。对认定符合救助条件的申请者，要立即发放救助申请书，并向其介绍办理申请手续的相关办法（见图 4-2）。

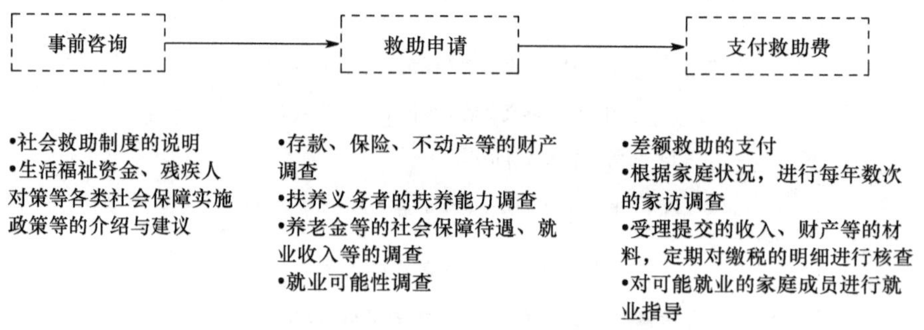

图 4-2　社会救助申请的相关手续

资料来源：厚生劳动省. 生活保护制度概要. 2019：3.

2. 申请过程

首先，对申请人进行储蓄、保险和不动产等的财产调查。其次，对是否具有扶养义务人及扶养权的有无，进行调查确认。再次，对其是否有养老金收入及是否有其他劳动所得进行调查。最后，调查是否具有就业的可能性。

（二）申请救助者资历的综合审查

为了及时准确发现要救助的对象，并对其实施及时准确的救助，救助管理部门需要努力让申请救助者准确了解社会救助制度的同时，还要与保健福祉部门、社会保险管理部门、上下水道管理部门、住宅管理部门等相关职能部门，以及与民生委员、儿童委员及时取得联系，进行救助实施工作的部门间沟通，以便于实施救助管理部门及时了解到有关生活困难者的信息。

二、社会救助申请者的家庭生计调查

（一）家庭生计的申报及调查

家庭生计情况需要根据以下情况进行认定。

1. 收入的申报及调查

除需要受助者开始接受救助或申请变更外，还要求受助家庭进行家庭生计申报。一是对受助期间的家庭收入进行定期或者随时审核，当预判该家庭收入已经发生变动或预计将有变动的时候，就需要及时确认；二是收入有变动时的申请，预先使受助者充分了解申报的要领和手续等，以求得受助者能主动申报；三是家庭收入的申报，是对支付家庭收入的有关单位、家庭收入的有无、家庭收入的多少、家庭收入的详单等进行申报，申请救助者要达到受助的目的，必须以书面形式如实申报，如果有证明上述事项的佐证资料，也要如实提交；四是家庭生计的认定，除了根据上述三点的内容进行申报以外，该受助家庭拥有的储蓄存款、现金、动产、不动产等的财产状况，家庭成员的生活经历、劳动技能、劳动能力等的状况，社会保险及其他社会保障政策的待遇资格的有无，是否有扶养义务人或者是否接受了来自亲属等的援助，以及家庭的现金收入等进行全面缜密的调查，必要时还要对有关单位进行调查，直接掌握该受助家庭的收入来源。

2. 家庭生计状况的认定原则

家庭收入的认定一般按照月额来确定，当收入大体上可以确定时，就要根据其具体的额度来确定，或者以其前 3 个月左右的收入额度为基准，视情况不同而确定。如果认为通过数月或以上的长期观察，该家庭收入情况较为吻合时，则要根据调查的结果，分别进行适当的认定。

3. 收入认定方法

经济收入主要指劳动收入，即指在政府部门、公司、工厂、商店等地的常规性工作或者通过灵活就业等方式获得的劳动收入，认定为基本工资、岗位津贴、家属津贴及加班津贴等收入总额。作为获得劳动收入的必要经费，除根据前面收入的申报及调查等方面确定外，还要确定社会保险费、所得税、工会会费、通勤费等实际费用的金额。

关于在政府部门、公司、工厂、商店等地参与常规性工作获得的固定收入，除了由本人申报外，需要提供能证明前 3 个月份及该月份预估的基本收入、岗位津贴、家属津贴、加班津贴、各种扣除等详细的收入证明。但是，如果在提供工资证明不便的情况下，也可以拿收入明细单等进行证明。如果发现工资证明书的内容有异议或者证明书所写金额低于同类受雇用者的常规性收入额度很多，应该直接找受助者就业单位进行具体内容的核实。对社会保险的被保险者，每年的 10 月或 11 月会向社会保险局、健康保险工会等进行报酬标准的核实。

关于加薪和奖金的认定，应事先向其受雇单位做调查并做好记录。受助者受雇的月份、加薪月份及奖金发放月份的情况，由本人主动申报并提供工资证明书。奖金全额认定为发薪月份的收入，当这种情况被认为不合理时，对该奖金额减去该月的特别扣除额后的金额，从支付月开始持续 6 个月以内进行拆分认定。

关于灵活就业收入的认定，也称短工收入认定，打短工的劳动所得，除了由本人申报外，还需提交职业介绍所出具的前 3 个月的工作天数证明。此种情况下，如果难以向职业介绍所提交收入证明，救助管理部门就应直接前往职业介绍所进行询问和调查。本人申报的工作天数在该地区的平均工作天数以上的，根据申报的天数来确认收入总额。

关于申报的就业天数，如不满足该地区的平均工作天数的情况下，要确认不能就业的理由，没有正当理由时，要以书面形式将工作天数增加到平均工作天数，并根据实际的就业天数认定收入总额。对本人申报的收入有疑问的，应直接向受雇单位收集相关证明或者向受雇单位进行询问调查来确认。

关于临时及特定的工作收入，要在调查该地区相同就业情况下的收入状况、该家庭的日常生活状况等的基础上，认定收入总额。对受助者申报的就业天数或收入有异议的，要对受雇单位进行全部或部分具体内容的取证调查来确认。

三、社会救助对象的审核方法

（一）年龄计算的方法

关于年龄调整。对于持续受助者，计算其基本生活费的满龄转换，每年在4月1日进行一次。4月1日进行的转换，是在3月31日之前达到需要对基本生活费变更的满周岁者进行的。

（二）是否救助的判断方法

一般是要按照救助的类型、收入的种类、劳动的形态、养老金的类型、受助开始时持有的现金额度进行调查。是否救助或者救助的程度，原则上根据对该受助家庭认定的最低生活费和《生活保护法》第8条所认定的收入进行比照来决定。

关于救助的类型，主要以收入的认定额度为原则，家庭收入使用的顺序：首先是衣食等生活费，其次是住宅费，再次是教育费及高中入学所需的经费，最后是护理、医疗、生育、就业（高中入学所需的经费除外）、丧葬等所需经费，费用不足的部分才是由救助金来承担的。

关于对是否需要救助的判定，原则上是根据救助判定日所在月份之前的3个月的平均收入额度来决定救助额度的。不过也有按照年收入来计算额度的，即可根据长期收入的实际情况，从申请救助之日开始以后一年时间所能获得的总收入（在取得收入所需经费的实际费用和劳动所需经费中控除基础扣除额乘以70%后的金额）来判定，进而决定对其提供救助的标准，并判定是否需要救助及救助的额度。

（三）是否救助的决定方法

关于是否救助的收入认定。所需要的经费包括：劳动所得、农业收入、养老金等的收入，按收入的类型来确定受助者为获取上述收入所需要花费的费用。

关于持有现金的认定。从救助开始到决定对其救助时，超过该家庭的最低生活费（除医疗补助及护理补助外）的五成作为应认定的持有现金。

关于救助金的支付。根据需要救助者现有的收入，为确保满足最低生活水平的差额，通过该金额进行每个月的救助金支付。根据家庭结构不同，一年可能进行多次家庭实际收入调查，对有劳动就业能力的需要救助者，要给予劳动就业指导。

每月中旬对该月收入的认定方式。一是劳动收入，根据最低生活费和收入的比照，计算出一个月的救助额或者本人的支付额后，再根据到月末为止的救助天数，按照救助项目按日拆分计算。临时性救助、教育救助等不按日计算。二是收入的余额，因为作为平均收入已经判断完成，即使该月份持有收入余额的现金，也不再作为财产进行判断。在不确定哪个是收入的余额时，可根据计算方法推算。三是养老金收入，对于养老金的余额是从持有现金中扣除允许转入救助金额的剩余部分，在下次领取月份前拆分（额度少的情况下为当月份）计入收入充当额。

判断的经费项目有：生活救助费（含年度一次性救助、纸尿布、租借的尿布及尿布的洗涤费等）、教育救助、住房救助（租房押金、房租合同更新费及住房维修费等除外）、医疗救助费、护理救助费（房屋改善除外）、生育费、丧葬费等标准。

关于救助退出的规定，主要是对受助者，当最低生活费和各类认定的救助充当额超过救助标准时，该受助家庭则不能继续得到救助。

第三节　社会救助体系的调整

一、社会救助体系的调整情况

（一）救助种类的增加

日本在（旧）《生活保护法》之前，于 1932 年 1 月 1 日实施了一般救济制度——《救护法》，1937 年 3 月 31 日实施了《军事扶助法》，1938 年 1 月实施了《母子保护法》，1941 年 10 月 1 日实施了《医疗保护法》，1942 年 4 月 30 日实施了《战时灾害保护法》。《救护法》设置了生活、医疗、生育、创业等四个救助。战后的（旧）《生活保护法》增加了丧葬救助，设置了五个救助种类，到（新）

《生活保护法》增加教育救助、住房救助，成为七个救助种类，2000 年伴随着《护理保险法》的实施，又增加了护理救助，变成八个救助种类。

1. 教育救助

在（旧）《生活保护法》中并没有教育救助这一项内容，其生活救助中，由于生活救助费用无法向贫困家庭支付义务教育所需要的费用，按照日本的《教育基本法》第 4 条规定，义务教育是指小学和中学的九年义务教育制度。（新）《生活保护法》第 13 条规定，教育救助的范围包括教材、学习用品、学杂费、学校伙食费及其他义务教育所需要的必需品。第 32 条第 1 款还规定教育救助以现金给付为原则，对需要提供实物的，也可进行实物给付。

2. 住房救助

（旧）《生活保护法》中并无此类救助，由于战争灾害导致大量国民失去了家园，出现了“战后的特殊事情”现象，为避免因高额的房租影响生活成本，（新）《生活保护法》设置了住房救助。该法第 33 条第 1 款规定，住房救助以现金给付为原则，但现金给付不是当时的最优选择，为达到社会救助的目的，可以提供实物给付。

3. 护理救助

在 2000 年以前的《生活保护法》中并无护理救助，但从 2000 年 4 月开始实施《护理保险法》，与之对应的护理救助才开始实施，主要是以向受助者提供护理保险的个人负担部分实施补偿为目的，以此来减轻受助者的个人负担。《生活保护法》第 15 条第 2 款第 1 项规定。护理救助是对需要护理的贫困者提供居家护理、福祉用具、住房改造、机构护理、移送费等救助，对需要援助的贫困者提供护理预防、护理预防福祉用具、护理预防住房改造、移送费等救助。护理实施的对象判断标准与护理保险法的标准相同，内容也与其统一。第 34 条规定，护理救助以实物给付为主，必要的情况下，也可以进行现金给付。护理给付的前提是护理保险优先使用，护理救助只是针对个人负担部分支付救助费。①

---

① 韩君玲．日本最低生活保障法研究［M］．北京：商务印书馆，2007：157-158.

（二）专项救助的补充规定

1. 专项救助的适用方式

社会救助体系中的各类救助，对受助者来讲，既可以接受基本生活救助，也可以接受其他的专项救助，即在社会救助体系范围内，可多项合并救助，但在具体实施过程中救助的顺序会经常出现问题。对此，《生活保护法》实施后又发布了补充规定，规定了适用救助的顺序：首先是要满足生活救助，其次是住房救助、教育救助、医疗救助、护理救助，最后也提出了生育救助、就业救助、丧葬救助等的适当应对政策。然而，在实施纲要里对各项救助分别设定了不同的救助标准，例如，救助体系中的劳动扣除就不属于任何种类的救助，实施劳动扣除政策，其救助的思路就是：一旦就业会获得经济收入，一般会被认定为有收入来源，因此，从救助开始就会扣除一定额度的救助金。

2. 救助范围和救助体系

在法律条文上分别有相对应的范围及给付方法，其救助的出发点是对国民权利及权益的保障。在日本《生活保护法》[①] 中，关于救助的种类和范围的内容在第 3 章（第 11 条至第 18 条）规定，关于救助的方法在第 5 章（第 30 条至第 37 条）规定。

这里所需要关注的内容是社会救助的方法，即应对受助者提供何种类型的救助。日本社会救助制度包含三个要素：一是救助对象必须是陷入极度贫困状态的个人或家庭；二是社会救助的目的是既要保障贫困者最低限度的生活水平，同时也要强调帮助其能够生活自立；三是实施社会救助的责任主体是政府。[②] 关于社会救助的范围和救助体系如图 4-3 所示。

上述社会救助体系中的专项救助有不同的救助标准，但要明确：

第一，在哪里接受救助的问题，即需要居家救助还是机构救助；

第二，给付类型的问题，即是现金给付还是实物给付；

---

① 本章以下日本的《生活保护法》均是指（新）《生活保护法》。

② 吕学静，王争亚，康蕊，等. 中日社会救助制度比较研究［M］. 北京：首都经济贸易大学出版社，2017：7.

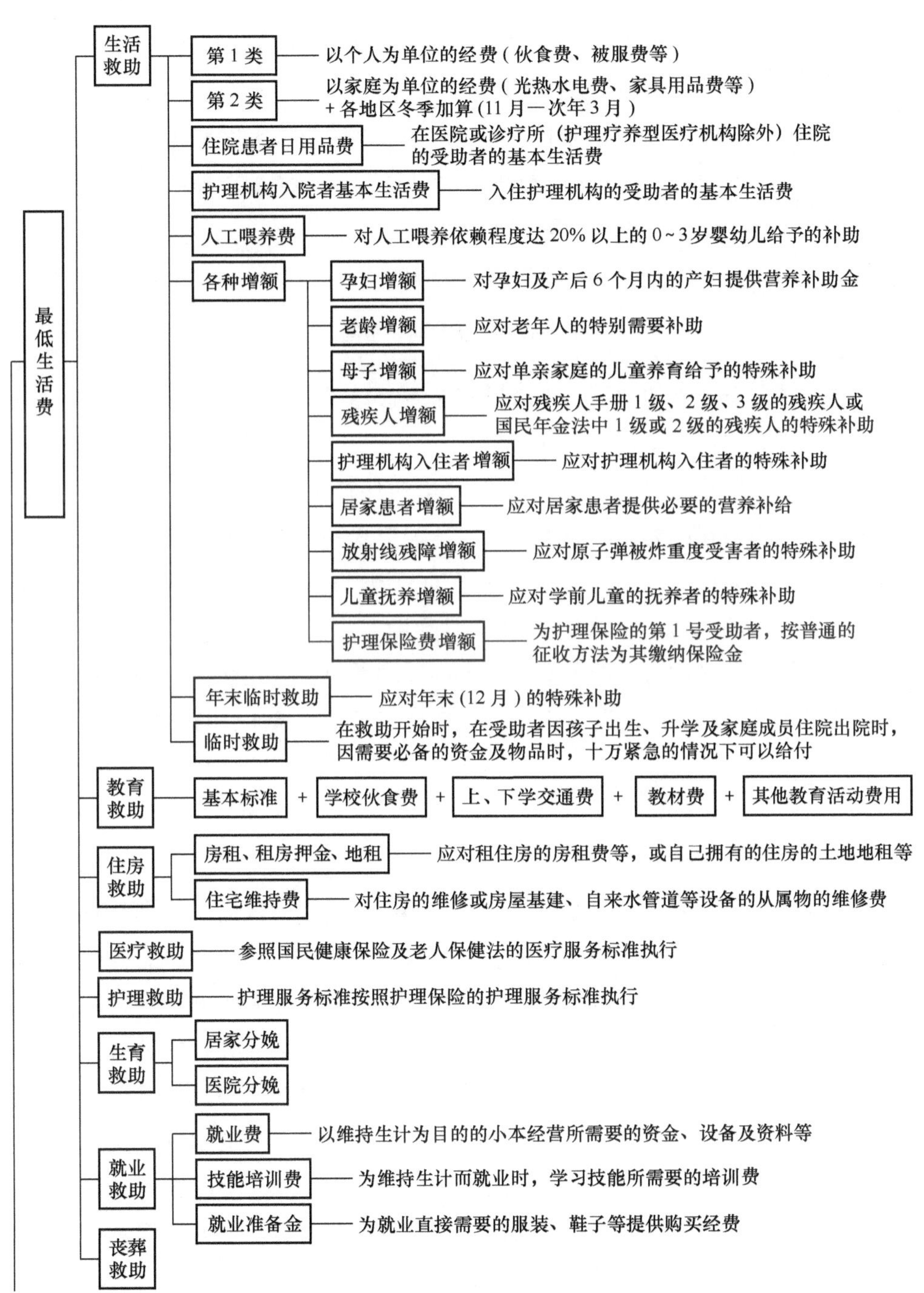

最低生活费
生活救助
第 1 类
以个人为单位的经费（伙食费、被服费等）
第 2 类
以家庭为单位的经费（光热水电费、家具用品费等）
+ 各地区冬季加算（11 月一次年 3 月）
住院患者日用品费
在医院或诊疗所（护理疗养型医疗机构除外）住院的受助者的基本生活费
护理机构入院者基本生活费
入住护理机构的受助者的基本生活费
人工喂养费
对人工喂养依赖程度达 20% 以上的 0 ~ 3 岁婴幼儿给予的补助
各种增额
孕妇增额
对孕妇及产后 6 个月内的产妇提供营养补助金
老龄增额
应对老年人的特别需要补助
母子增额
应对单亲家庭的儿童养育给予的特殊补助
残疾人增额
应对残疾人手册 1 级、2 级、3 级的残疾人或国民年金法中 1 级或 2 级的残疾人的特殊补助
护理机构入住者增额
应对护理机构入住者的特殊补助
居家患者增额
应对居家患者提供必要的营养补给
放射线残障增额
应对原子弹被炸重度受害者的特殊补助
儿童抚养增额
应对学前儿童的抚养者的特殊补助
护理保险费增额
为护理保险的第 1 号受助者，按普通的征收方法为其缴纳保险金
年末临时救助
应对年末（12 月）的特殊补助
临时救助
在救助开始时，在受助者因孩子出生、升学及家庭成员住院出院时，因需要必备的资金及物品时，十万紧急的情况下可以给付
教育救助
基本标准 + 学校伙食费 + 上、下学交通费 + 教材费 + 其他教育活动费用
住房救助
房租、租房押金、地租
应对租住房的房租费等，或自己拥有的住房的土地地租等
住宅维持费
对住房的维修或房屋基建、自来水管道等设备的从属物的维修费
医疗救助
参照国民健康保险及老人保健法的医疗服务标准执行
护理救助
护理服务标准按照护理保险的护理服务标准执行
生育救助
居家分娩
医院分娩
就业救助
就业费
以维持生计为目的的小本经营所需要的资金、设备及资料等
技能培训费
为维持生计而就业时，学习技能所需要的培训费
就业准备金
为就业直接需要的服装、鞋子等提供购买经费
丧葬救助

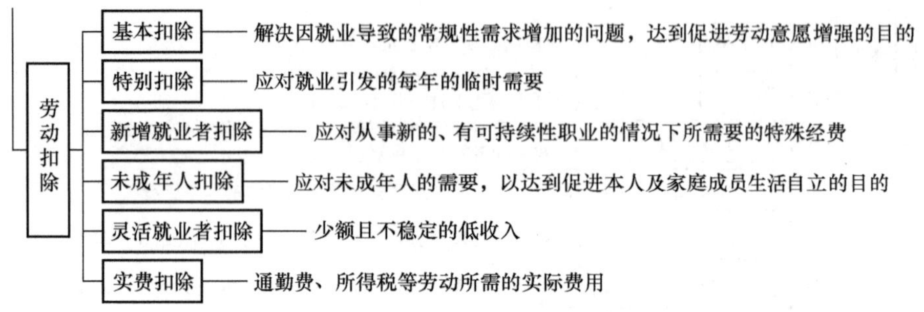

图 4–3　社会救助体系图

第三，救助金给谁的问题，即救助资金发放给受助家庭的什么人；

第四，实际支付多少救助金的问题。

针对在哪里接受救助的问题，实施《生活保护法》以来，基本上是以居家救助为主、机构加互助为辅的原则；针对给付形式的问题，基本上是以现金给付为主、实物给付为辅的原则，但在医疗救助领域，还是以实物给付为主的原则；针对救助金给谁的问题，基本上是以支付受助者本人为原则，为达到救助的目的，也有把救助金交付给受助者本人以外的人的情况，这在法律当中是有明确规定的；针对救助金额度的问题，还是根据家庭成员的数量来计算额度。

二、专项救助的内容

（一）救助的含义

社会救助是由生活救助和专项救助构成的，其中生活救助的范围是基本生活费（第 1 类是饮食、服装、娱乐费等，第 2 类是水电气费），再加上各种追加的费用（如针对残疾人、单亲母子、孕妇等的增额）；作为生活救助补充的专项救助有七类：教育救助的内容是指提供给贫困家庭儿童的义务教育的教材、必要的学习用品、学校伙食费用等；住房救助的内容是指需要缴纳房租等费用或者需要维修房屋时所提供的救助费；医疗救助的内容是指原则上向贫困者提供药品、治疗、手术、住院等救助；护理救助的内容是指向生活不能自理的贫困者提供居家护理、护理用具、住宅改造等相关救助；生育救助的内容是指为贫困者提供贫困者分娩时发生的相关服务及医药卫生材料费；就业救助的内容是指为贫困者提供在自主营业时所需的资金、器材、资料等，或者是为就业进行技能培训的学费等；丧葬救助的内容是指提供受助家庭在家人去世，需要举行葬礼时所提供的资金救助。

（二）专项救助的范围

1. 教育救助

教育救助按照《生活保护法》第 13 条明确规定的范围进行：一是义务教育所必需的教材及其他学习用品费；二是义务教育必要学杂用品费；三是学校伙食费及其他义务教育的必需品。①

教育救助要对受助者家庭提供义务教育所需要的必要用品根据《义务教育法》规定，义务教育是指九年制初等、中等普通教育，在盲人学校、聋人学校、救护学校进行的教育也包含在内。因此，幼儿园、高中、大学等的就学费用不能成为教育救助的范围。私立中、小学教育的学费也不包括在内。

2. 住房救助

住房救助按照《生活保护法》第 14 条明确规定的范围进行：一是居住费；二是补修及其他为维持住房的必需品费用。②

住房救助是对低收入家庭在支付房费、房租或房屋维修费等方面出现困难时，由政府提供的住房补助。

3. 医疗救助

医疗救助按照《生活保护法》第 15 条明确规定的范围进行：一是诊疗费；二是药剂或治疗材料；三是医疗处置费、手术费及其他治疗和理疗费；四是居家疗养的管理和因疗养所需要的援助以及其他的护理；五是医院或诊疗所的住院和因疗养所需的援助及其他护理费；六是移送费。③

医疗救助即当受助者生病或受伤时，以及因支付医疗费使收入低于生活标准时，由政府指定医疗机构，提供现金援助，以及提供诊疗费、药费、治疗材料费、医学处置费、手术费、病房费、看护费、移送费等费用。在特定情况下，也

① 《生活保护法》第 13 条规定。

② 《生活保护法》第 14 条规定。

③ 《生活保护法》第 15 条规定。

会对受助者提供按摩、针灸等治疗费用的给付。

在指定医疗机构等接受诊疗时发生的费用，按日本《生活保护法》规定的诊疗方针，诊疗报酬为其诊疗提供医疗服务需要的最低限度的费用。药剂费或医用材料相关的费用应控制在25 000日元（2019年标准）以内；手术的费用控制在都道府县知事、指定都市或中心城市市长与实施救治的相关行会协议规定的标准之内；移送费为因移送所需要的最低限度的费用。

因医疗救助产生的服务给付，适用于国民健康保险的诊疗方针及诊疗报酬的范畴，提供与社会保险大致相同的医疗服务。因此，在医疗救助和社会保险给付中，就诊疗方针和诊疗报酬而言，没有太大的区别。

4. 护理救助

护理救助按照《生活保护法》第15第2款明确规定的范围进行：一是居家护理费（限于基于居家护理援助计划进行的护理）；二是福祉用具；三是房屋维修费；四是机构护理；五是护理预防（限于基于护理预防援助计划进行的护理）；六是护理预防福祉用具；七是护理预防及住宅改建费；八是移送费。

接受护理救助的原则是护理保险优先于护理救助，即接受护理救助之前，符合接受护理保险服务的，可申请《护理保险法》提供的居家护理援助计划①、机构护理②服务。接受护理保险服务之后，对不足部分，实施护理救助。

护理救助以实物给付为原则，为受助者提供居家护理和机构护理所需要的相关费用，按日本《生活保护法》规定提供护理救助及护理服务的报酬，支付其护理服务和移送所需的最小限度的费用。

5. 生育救助

生育救助按照《生活保护法》第16条明确规定的范围进行：一是生育的护理和

---

① 居家护理援助计划指为保障居家维持生活的需要护理者、需要援助者能够适当地利用居家护理及其他为维持居家日常生活，所必要的保健医疗服务及福祉服务（居家护理等）而制定的有关居家护理的种类、内容等计划。

② 机构护理是指有关《护理保险法》规定的护理福祉机构服务、护理保健机构服务、护理疗养型医疗机构服务。

援助费；二是生育前及生育后的处置费；三是脱脂棉、纱布及其他医用卫生材料费。①

生育救助是对低收入家庭的女性生育时参照一般费用标准给予差额救助的一种救助形式。例如，孕产妇产前产后的营养补充，计入在生活救助给付的孕产妇增额项目中。

6. 就业救助

就业救助按照《生活保护法》第 17 条明确规定的范围内进行（仅限于通过救助有希望能增加其收入，或能帮助其生活自立的受助者）：一是就业所需的必要资金、器具或资料费；二是就业所必需的技能学习费；三是就业所需的必要用品费。②

就业救助是受助者在就业时给予费用补助或技能学习时给予的救助。这是以脱离受助状态及走向生活自立为目的的制度。

7. 丧葬救助

丧葬救助按照日本《生活保护法》第 18 条明确规定的范围进行：即在尸检、尸体搬运、火葬或土葬、骨灰安置及其他丧葬所发生的必需费用方面提供救助。

在办理丧葬时，对办理丧葬者可以提供上述规定的各项丧葬救助：一是受助者死亡但无办理其丧葬的扶养义务人时；二是死者无办理其丧葬的扶养义务人，用其遗留金不足以支付办理丧葬的必要费用时，需要代办丧葬的，对其可以进行前款规定的各项丧葬救助。

此外，除提供上述救助外，日本政府还在社会救助实施机构提供以下四种援助：一是对那些身体或精神上存在明显障碍、难以生活自立的人提供机构救助；二是对那些因身体或精神上的原因需要收容和救助的人提供机构治疗，使其恢复新生并回归社会；三是对没有住所的受助者，为其提供机构入住；四是对那些因身体、精神或家庭方面的原因导致就业能力低下的人，为其提供创业或技能培训的机构。

同时，除上述援助方式外，还有对低收入者提供低息的生活福祉贷款制度。由此可见，日本社会救助的内容可谓多种多样，全面而细致。

---

① 《生活保护法》第 16 条规定。

② 《生活保护法》第 17 条规定。

三、社会救助的方法

《生活保护法》中规定了救助的标准。依照社会救助标准计算最低生活费：最低生活费=生活救助金+住房救助金+教育救助金+护理救助金+医疗救助金。

部分救助金会有单亲母子增额、残疾人增额或老年增额，同一人如符合两项以上增额的情况下，以最高的一项增额为准进行测算；经过相当长期间被认定不需要增额的全额不必要的情况下，可在原有增额的范围内算出必要的金额。但是，在母子增额中儿童为 2 人以上的情况下，对儿童 1 人的增额以及残疾人增额已被判定为全部日常需要护理的残疾人的增额，一般不进行重复调整计算；老年增额及护理机构入住者的增额，对于同一人取较高的增额计算。

（一）生活救助的方法

生活救助一般是对受助者居家进行救助。当无法居家救助时，或难以实现救助目的时，或受助者提出希望时，可以让受助者进入救助机构、更生保护机构或其他适当的机构，或者委托入住上述机构，或者委托家庭救护进行生活救助。根据法律规定，生活救助不可违背受助者的意愿，不可强制安排其入住救助机构或者救护机构。受助者的亲权人或者监护人未正确行使其权利的，即使其有异议，救助的实施机构在获得家庭法院的许可后，可采取《生活保护法》第 12 条第 1 款规定的措施。

生活救助以现金给付进行。当无法或不适合按此规定执行时，在必要的情况下可以进行实物给付。生活救助的救助金及物品，以一个月以内的救助费用为限度进行提前给付。但难以给付时，可提前支付超过一个月的费用。居家进行生活救助的救助钱物，以家庭为单位计算，交付给户主或者与相当户主的人员。但难以给付时，可交付给受助者个人。在地域密集型护理老年福祉机构、护理老人保健机构或者护理疗养型医疗机构，对于接受机构护理的受助者，生活救助的救助金及物品，交付给上述所规定的人员不恰当时，以及为实现救助目的所必要的情况下，不受同款规定的限制，可交付给该地域密集型护理老年福祉机构或护理老年福祉机构的负责人，或该护理老人保健机构或护理疗养型医疗机构的管理者。[①]

（二）教育救助的方法

教育救助以现金给付方式提供。当无法或不适合按此规定执行时，其他为实现救助目的必要的情况下，可以进行实物给付。

用于教育救助的救助金及物品，可交付给受助者、其亲权人或未成年人监护人或受助者就学的学校校长。

（三）住房救助的方法

住房救助主要以现金给付方式提供。当无法或不适合按此方法执行时，其他为实现救助目的必要的情况下，可以进行实物给付。

住房救助中住房的实物给付包括：以使其利用住所提供的机构，或者向住所提供机构委托进行。用于住房救助的救助金或物品，向户主或相当于户主者交付。

（四）医疗救助的方法

医疗救助以实物给付进行。当无法或不适合按此执行时，其他为实现救助目的必要的情况下，可以进行现金给付。

实物给付包括：医疗给付利用医疗救助机构实现，或者向医疗救助机构或接受指定的医疗机构委托进行。

（五）护理救助的方法

护理救助以实物给付方式提供。当无法或不适合按此执行时，其他为实现救助目的必要的情况下，可以进行货币给付。

实物给付包括：居家护理、福祉用具的给付、机构护理、护理预防及护理预防福祉用具的给付，对护理机构、接受指定者委托提供服务。其中，护理机构是指作为实业进行居家护理者、作为实业指定居家护理援助计划者、作为实业进行的特定福祉用具销售服务、社区嵌入型老年护理老年福祉机构、护理型老年福祉机构、护理型老人保健机构及护理疗养型医疗机构、作为实业进行护理预防者及地域包括援助中心和作为其实业进行特定护理预防型福祉用具等商品销售服务。

① 《生活保护法》第 31 条。

（六）生育救助的方法

生育救助以现金给付方式提供。当无法或不适合按此执行时，其他为实现救助目的必要的情况下，可以提供实物给付。实物给付中，助产费的给付可支付给指定的助产师。

（七）就业救助的方法

就业救助是以现金给付方式提供。当无法或不适合按此执行时，其他为实现救助目的必要的情况下，可以进行实物给付。

实物给付包括：因工作机构提供就业所必需的技能传授，以使受助者利用职业介绍机构或以训练为目的的其他机构，或者向这些机构委托进行。用于就业救助的救助金或物品，向受助者交付。但是，因机构提供使用或技能的传授所必需的费用或物品，可以交付给职业介绍所的负责人。

（八）丧葬救助的方法

丧葬救助以现金给付方式提供。当无法或不适合按此执行时，其他为实现救助目的必要的情况下，可以进行实物给付。用于丧葬救助的救助金或物品，交付给办理丧葬仪式的人。

第五章　日本社会救助的标准

第一节　社会救助标准制定的基础性工作

日本按家庭构成发放救助金，根据 2019 年 3 月最新发布的数据（2018 年 10 月的数据）①，核心家庭和单亲家庭是救助的重点（见表 5-1）。

表 5-1　　2018 年 10 月发放的社会救助金　　单位：万日元

	东京地区	其他地区
核心家庭三口之家（33 岁，29 岁，4 岁）	158 900	133 630
独居老年人（68 岁）	79 550	65 500
老年夫妇（68 岁，65 岁）	120 410	100 190
单亲母子（30 岁，4 岁，2 岁）	189 190	161 890

根据（新）《生活保护法》建立的现代社会救助制度，救助标准是依据社会救助申请者的年龄、性别、家庭结构、居住地区国民生活一般消费水平等要素，由日本厚生劳动大臣制定的，既要满足最基本保障的原则，又不能高于最低生活保障水平。救助标准的设计思路是，以生活消费水平最高的东京都“标准家庭”的救助标准去推算不同年龄段个人、不同规模、不同等级地其他家庭的救助标准。因此，要了解日本不同时期的社会救助标准制定方法，首先要对其“标准家庭”的选定和等级地划分问题进行考察。

① 2019 年 3 月 18 日日本第 1 回生活保護基準の新たな検証手法の開発等に関する検討会发布的《生活保護制度の概要等について》的数据。

一、"标准家庭"的选定

选定怎样的"标准家庭"，对救助标准的制定至关重要。以下拟阐释"标准家庭"的选定依据、历史上被选定的"标准家庭"的规模和构成以及水准均衡方式下"标准家庭"的选定方法。

（一）"标准家庭"的选定依据

在讨论生活救助标准如何制定时，首先需要决定以怎样的家庭、维持怎样的生活消费水平为社会规范。关于"标准家庭"的选定依据，学者之间见解不同。菊地英明（2010）从超出最低生活保障初衷的社会规范角度出发去理解"标准家庭"，他主张的"标准家庭"是符合社会规范的一般劳动者家庭，如果维持"标准家庭"生活方式的话，其收入不会低于生活救助标准而陷入贫困。[①]"标准家庭"是国家要保护和鼓励的家庭。从社会排斥现象来看，"标准家庭"是可以自立生活的家庭典范，不能获取"标准家庭"的社会成员身份，是社会排斥的一种形态，也就意味着会招致收入上的贫困。岩永理惠（2010）从实践出发，指出 1961 年采用恩格尔系数方式制定生活救助标准时，"标准家庭"选定的是家计调查中出现频度最多的，由就业的男性一人养家糊口的四口之家。[②] 日本生活救助标准研究会也曾指出，1984 年采用水准均衡方式制定生活救助标准时，"标准家庭"的选定是参考国情调查资料中一般家庭的平均家庭规模和受助家庭的平均家庭规模，基于统计方法找出具有代表性家庭规模中出现频率最多的成员、人数以及年龄而确定的。

其实，日本"标准家庭"的选定取决于其社会救助制度的政策目标。在以克服绝对贫困为目的的社会救助制度下，"标准家庭"来自受助家庭中出现频度最多的家庭，目的是使制定的生活救助标准解决大多数受助家庭的生存问题。在以克服相对贫困为目的的社会救助制度下，"标准家庭"从符合社会规范的自

---

① 菊地英明．消費の社会的強制と最低生活水準［J］．社会保障研究，2010，46（2）：101-110.

② 岩永理惠．保護基準とはいかなる意味をもつ基準か：生活扶助基準算定方式と標準世帯（最低賃金制度と生活保護制度-仕事への報酬と生活保障の整合性・第 119 回大会共通論題）［J］．社会政策，2010，2（2）：22-32.

立的一般家庭中选定，以便达成受助家庭的生活自立和社会融入的政策目标。

（二）“标准家庭”的规模与构成变迁

日本生活救助标准制定方法变迁史表明，在不同的社会经济背景下，为制定生活救助标准选定的“标准家庭”规模和成员构成均不相同。具体而言，1946年3月13日第1次制定生活救助标准时，根据《生活困难者紧急生活援护要纲》，选定了东京都市区的五口之家为“标准家庭”。在1948年8月1日对生活救助标准进行第8次修订时，采用“市场菜篮子”方式制定生活救助标准，通过1947年1月至1948年2月实施的《受助者生活状况全国普查》，发现由母子等构成的非就业家庭占全体受助家庭的83.5%，于是选定了出现频度最高的，由64岁男性、35岁女性、9岁男孩、5岁女孩、1岁男孩构成的五口之家为“标准家庭”。[①] 1953年7月1日在对生活救助标准进行第13次修订时，将“标准家庭”改为由63岁男性、33岁女性、8岁男孩、5岁女孩、0岁男孩构成的五口之家。1948年与1953年“标准家庭”的共同之处是单亲的母子受助家庭；在经济高度成长期的1961年4月1日对生活救助标准进行第17次修订时，采用了恩格尔系数法，总理府统计厅从每年实施的家计调查资料中随机取样，出现频度最高的家庭是一人就业的四口之家，选定的“标准家庭”是由男性一人从事轻度体力劳动的自立低收入劳动者家庭，改变了以往从受助家庭中选定“标准家庭”的做法。“标准家庭”的成员构成为35岁男性、30岁女性、9岁男孩、4岁女孩，此“标准家庭”一直被沿用到1985年3月31日。然而，在使用此“标准家庭”的24年间，自立非受助的一般家庭的平均家庭成员人数已经从1960年的4.13人下降为1984年的3.19人，受助家庭的平均家庭成员人数也由3.15人减少为2.03人。为了使计算生活救助标准的“标准家庭”规模与自立非受助的一般家庭规模相吻合，在利用水准均衡方式对生活救助标准进行第42次修订的1986年4月1日，“标准家庭”由原来的自立的四口之家改为三口之家[②]，一直被沿用至今。三口之家的家庭构成是33岁男性、29岁女性、4岁孩子。1986年选定的“标准家庭”的特征是未区分低龄儿童的性别。通过上述考察我们发现，

---

① 川上昌子．公的救助論［M］．東京：光生館，2007：72.

② 籠山京．公的扶助論［M］．東京：光生館，1991：154-155，176，217，292；追録：6.

在以克服绝对贫困为目标的社会救助制度下，“标准家庭”来自受助者家庭；在以克服相对贫困为目标的社会救助制度下，“标准家庭”来自自立的一般家庭。

（三）水准均衡方式下“标准家庭”的选定方法

水准均衡方式下采用调查与统计分析相结合的方法，选定“标准家庭”，其步骤如下：

第一步：在 1980 年《国势调查报告》的劳动者家庭中，出现频度最多的家庭为由男性、女性和孩子构成的三口之家，进而按性别和年龄分别选出占比最高的年龄组，其中男性组为 30~34 岁、女性组为 25~29 岁、儿童组为 15 岁以下。

第二步：从第一步选出的男性组和女性组中，找出人数最多的男性和女性的年龄，男性为 33 岁、女性为 29 岁。

第三步：从选定的男性年龄中减去其平均初婚年龄，得到平均初婚结婚年数，再减去从结婚到第一个孩子出生的平均间隔年数，得到孩子的年龄，即 33-27.8-1.67≈4（岁）。[①]

通过上述筛选，得到的“标准家庭”为由 33 岁男性、29 岁女性及 4 岁孩子构成的三口自立之家。

二、等级地的划分

为了确保使用统一方法制定的生活救助标准，能反映各地居民因生活方式和物价不同而产生的生活消费水平差异，日本遵循按所在地设定救助标准的基本原则（《生活保护法》第 8 条）。基于人口规模、物价或各地居民消费水平，将全国分为若干等级地，设立等级地之间的生活救助标准调整指数，据此制定各等级地“标准家庭”的生活救助标准，由厚生劳动大臣通过行政命令颁布施行。

（一）等级地划分变迁史

为深入了解不同的等级地划分方法的优劣，下面介绍日本等级地划分变迁史。

在联合国军最高司令官总司令部（GHQ）指导下，厚生劳动省于 1945 年 12 月

---

① 生活扶助基準に関する検討会．生活扶助基準に関する検討会報告書［C］．2007. http：//www. mhlw. go. jp/shingi/2007/11/dl/s1130-10a. pdf；焦培欣．我国小康社会生活救助标准研究——日本水准均衡方式的借鉴［J］．中国行政管理，2019（5）：143-150.

15 日制定《生活困难者紧急生活援护要纲》（1946 年 3 月 13 日施行）时，首次按人口规模及城乡将全国分为东京都市区和五大都市、人口 30 万以上都市、人口 15 万以上 30 万以下都市、人口 5 万以上 15 万以下都市、人口 5 万以下都市、町村（镇村）6 个地区，按地区规定了 1 人户、2 人户、3 人户、4 人户、5 人户的生活救助标准额以及 5 人以上户的增额；① 在对生活救助标准进行第二次修订的 1946 年 7 月 1 日，厚生劳动省将原来的 6 个地区划分整合为东京都市区和五大都市、其他城市、町村（镇村）3 个地区，但这种将都市按人口规模分成不同档次、将各地町村（镇村）归为一档的等级地划分法，难以客观真实地反映各地居民生活消费水平的差异。鉴于此，1951 年 5 月 1 日厚生劳动省在对生活救助标准进行第 11 次修订时，基于全国消费时态调查和全国物价统计调查的物价地区差异数据，将全国分成了 5 个等级地；1953 年 7 月 1 日对生活救助标准进行的第 13 次修订，考虑了物价、消费水平和生活方式，在 1951 年划分的 5 个等级地之上设定了一个特级地，实际上变成了 6 个等级地；1957 年 4 月 1 日对生活救助标准进行的第 14 次修订，基于物价差异、消费状况和生活方式将全国分成了 4 个等级地；1978 年 4 月 1 日对生活救助标准进行的第 34 次修订，将 1957 年的 4 个等级地调整为 3 个；1987 年 4 月 1 日对生活救助标准进行的第 43 次修订，将 1957 年的 3 个等级地内部细分为 1 类地区和 2 类地区，并沿用至今②（见表 5-2）。

表 5-2　等级地变迁及划分依据

期间	地区或等级地划分	划分依据
1946 年 3 月—1946 年 6 月	6 个地区	人口规模
1946 年 7 月—1951 年 4 月	3 个地区	基于人口规模的 6 个地区整合
1951 年 5 月—1953 年 7 月	5 个等级地	物价的地区差异
1953 年 7 月—1957 年 3 月	6 个等级地	物价差异、消费水平、生活方式
1957 年 4 月—1978 年 3 月	4 个等级地	物价差异、消费状况、生活方式

① 籠山京．公的救助論［M］．東京：光生館，1991，追録：217.

② 生活扶助基準に関する検討会．生活扶助基準に関する検討会報告書［C］．2007. http：//www. mhlw. go. jp/shingi/2007/11/dl/s1130-10a. pdf.

续表

期间	地区或等级地划分	划分依据
1978 年 4 月—1987 年 3 月	3 个等级地	物价差异、消费状况、生活方式
1987 年 4 月至今	6 个等级地	物价差异、消费状况、生活方式

资料来源：篭山京. 公的扶助論［M］. 東京：老生館，1991.

日本等级地划分变迁史的启示：按人口规模划分都市档次，并将各地农村归为一档的等级地划分法，难以真实反映各地居民的消费水平差异。为了克服这种划分方法的缺陷而采用的根据物价、消费水平和生活方式的差异划分等级地的方法，解决了全国使用统一方法制定反映各地居民生活消费水平差异的生活救助标准难题。①

（二）等级地间的救助标准调整指数设定

为了使生活救助标准反映各等级地居民的生活消费水平差异，厚生劳动省在对等级地档次进行调整时，还规定了不同等级地之间生活救助标准的调整指数（见表 5-3）。

表 5-3　　等级地变迁及其调整指数差

期间	地区或等级地划分	指数最大差
1946 年 3 月—1946 年 6 月	6 个地区	
1946 年 7 月—1951 年 4 月	3 个地区	
1951 年 5 月—1953 年 7 月	5 个等级地	100：85.9
1953 年 7 月—1957 年 3 月	6 个等级地	100：70.0
1957 年 4 月—1978 年 3 月	4 个等级地	100：73.0，9%的均等差
1978 年 4 月—1987 年 3 月	3 个等级地	100：82.0
1987 年 4 月至今	6 个等级地	100：77.5，4.5%的均等差

资料来源：篭山京. 公的扶助論［M］. 東京：老生館，1991.

由表 5-3 可知，在不同的时期，等级地之间的调整指数设定方法也不尽相同。在 1946 年 3 月至 1946 年 6 月和 1946 年 7 月至 1951 年 4 月这两个时期，直接按区域规定生活救助标准，未设置区域之间的调整指数。自 1951 年 5 月至今

① 焦培欣. 我国小康社会生活救助标准研究—日本水准均衡方式的借鉴［J］. 中国行政管理，2019，407（5）.

废除了按都市人口规模和城乡划分区域的方法，采用了按东京都“标准家庭”和对低收入家庭的家计消费支出调查结果划分等级地、依据等级地之间的调整指数确定其他等级地不同规模家庭的生活救助标准制定方法。从等级地之间的调整指数来看，有的时期不同等级地之间的调整指数不同，有的时期采用均等差的调整指数，其设定依据主要取决于不同等级地之间人均生活消费水平差距。①

第二节　生活救助标准制定方法

《生活保护法》第 3 条规定，社会救助必须体现“健康且文明的最低限度的生活水平”，第 8 条规定救助标准由厚生劳动大臣决定。但是，《生活保护法》本身并未明确规定采用怎样的方法制定生活救助标准，而是委任于厚生劳动省，以厚生劳动省令的形式，公布社会救助标准额及其制定方法。

一、生活救助的内容及标准构成

（一）生活救助的内容

生活救助是最基本的社会救助制度，对于陷入生活困境的贫困者居家或入住机构生活，提供维持其最低生活的救助费用，包括衣食住、其他日常生活用品及家庭用水电取暖等费用（包含移送费），还包括冬季发放的取暖费、被服费和购买过年用品的临时性救助以及遭遇灾害时的应急救助等费用。

按贫困者接受救助的场所，生活救助分为居家救助和机构救助；按贫困者接受救助时间的长短或频度，分为经常性救助和临时性救助。生活救助一般以受助者居家接受货币给付为原则。然而，当受助者进入救护机构、更生保护机构、护理机构、医疗机构时，其在机构内发生的基本生活费及所需日用品费等亦可得到给付。

---

① 参阅日本 1951 年 5 月至 1953 年 7 月、1953 年 7 月至 1957 年 3 月、1978 年 4 月至 1987 年 3 月三个时期等级地之间的调整指数。

（二）生活救助标准的构成

生活救助标准由提供饮食费、被服费、光热水电费等维持日常生活所需最低限度的一般生活费标准，应对临时性需要的临时增额标准，满足孕产妇、残疾人、老年人、疾病患者、儿童养育、单亲母子家庭等特殊群体需要的增额标准，以及激励受助家庭中有劳动能力者积极就业的收入扣除标准四部分构成。为了确保每个国民“健康且文明的最低限度的生活水平”，生活救助标准的制定要考虑受助者的年龄、性别、家庭构成、所在地区等基本要素。2019 年生活救助标准见表 5-4 至表 5-8。①

表 5-4　　2019 年第 1 类费用标准（1 级地-1）　　单位：日元

年龄	救助额	年龄	救助额
0~2 岁	44 010	41~59 岁	46 760
3~5 岁	44 010	60~64 岁	46 760
6~11 岁	45 010	65~69 岁	44 700
12~17 岁	47 090	70~74 岁	44 700
18~19 岁	46 760	75 岁以上	40 350
20~40 岁	46 760		

表 5-5　　2019 年第 1 类费用合计递减率和第 2 类费用标准　　单位：日元

家庭人数	第 1 类费用合计递减率	第 2 类费用标准额	冬季加算（Ⅵ区）
1 人	1. 000	28 490	2 580
2 人	0. 854 8	41 830	3 660
3 人	0. 715 1	46 410	4 160
4 人	0. 601 0	48 400	4 490
5 人	0. 568 3	48 430	4 620
6 人	0. 538 3	55 440	4 910

① 此页之后本章各表中未标明资料来源的均为著者参考第 74 回“改定生活保護基準額表”，网址：www. city. kita. tokyo. jp/seikatsufukushi/kenkofukushi/hogo/documents/kijun. pdf；2018 年度生活保護基準額，网址：https：//www. mhlw. go. jp/file/05-Shingikai-12201000-Shakaiengokyokushougaihok enfukushibu-Kikakuka/0000196723. pdf. 资料来源于日本厚生労働省网站的“2018 年度生活保護実施要領”等笔者制作。

续表

家庭人数	第 1 类费用合计递减率	第 2 类费用标准额	冬季加算（Ⅵ区）
7 人	0. 508 7	58 370	5 120
8 人	0. 484 4	61 040	5 280
9 人以上	0. 463 9	63 490	5 450

表 5-6　　2019 年居家冬季增额标准　　单位：日元

地区	家庭人数									
	1 人	2 人	3 人	4 人	5 人	6 人	7 人	8 人	9 人	增额
Ⅰ区（10 月—4 月）	12 540	17 800	20 230	21 850	22 460	23 870	24 880	25 690	26 500	810
Ⅱ区（10 月—4 月）	8 860	12 580	14 290	15 440	15 860	16 860	17 580	18 150	18 720	570
Ⅲ区（11 月—4 月）	7 320	10 390	11 800	12 750	13 100	13 930	14 520	14 990	15 460	470
Ⅳ区（11 月—4 月）	6 660	9 450	10 740	11 600	11 920	12 680	13 210	13 640	14 070	430
Ⅴ区（11 月—3 月）	4 540	6 450	7 330	7 920	8 140	8 650	9 020	9 310	9 600	300
Ⅵ区（11 月—3 月）	2 580	3 660	4 160	4 490	4 620	4 910	5 120	5 280	5 450	170

注：此处增额指 10 人以上每增 1 人的增额。

表 5-7　　2018 年特殊群体增额标准　　单位：日元

孕妇	1~2 级地		6 个月以下	6 个月以上	
			8 960	13 530	
	3 级地		7 610	11 500	
产妇		1~2 级地	8 320		
		3 级地	7 070		
母子	居家		1 个儿童	2 个儿童	每增加 1 个儿童
		1 级地	2 290	1 800	920
		2 级地	21 200	1 690	850
		3 级地	19 620	1 580	780
	住院或入住机构		18 990	1 530	750
残疾人	居家		1 级或 2 级残障		3 级残障
		1 级地	26 310		17 890
		2 级地	24 470		16 650
		3 级地	22 630		15 400
	住院或入住机构		21 890		

续表

重度残疾人		14 580	
居家患者	1~2 级地	13 020	
	3 级地	11 070	
儿童养育	1、2、3 级地	3 岁以下	3~15 岁
	第 1~2 个孩子	15 000	10 000
	1、2、3 级地	12 岁以下	12~15 岁
	第 3 个孩子	15 000	10 000
机构入住者	1、2、3 级地	9 690 日元以内	
残疾人特别护理	家人	12 290	
	护理员	70 190 日元以内	
	特别护理	105 290 日元以内	

表 5-8　　2018 年年终临时救助标准　　单位：日元/人・月

级地	家庭人数									
	1 人	2 人	3 人	4 人	5 人	6 人	7 人	8 人	9 人	增额
1 级地-1	13 890	22 650	23 340	26 260	27 370	31 120	33 060	35 010	36 670	1 670
1 级地-2	13 260	21 620	22 290	25 070	26 130	29 710	31 570	33 420	35 020	1 590
2 级地-1	12 640	20 600	21 230	23 880	24 890	28 310	30 080	31 850	33 360	1 510
2 级地-2	12 020	19 590	20 190	22 720	23 680	26 920	28 610	30 280	31 730	1 450
3 级地-1	11 390	18 560	19 140	21 530	22 440	25 520	27 110	28 710	30 070	1 360
3 级地-2	10 760	17 540	18 080	20 340	21 210	24 110	25 610	27 120	28 410	1 290

资料来源：日本厚生劳动省网站发布的《2018 年度生活保护标准（草案）》《2018 年度生活保护实施要领》等。

二、生活救助标准的制定方法

第二次世界大战后日本生活救助标准的制定，大致采用了沿用《军事扶助法》的生活救助标准（1946 年 3 月至 1948 年 7 月）、市场菜篮子方式（1948 年 8 月至 1961 年 3 月）、恩格尔系数方式（1961 年 4 月至 1965 年 3 月）、差距缩小方式（1965 年 4 月至 1984 年 3 月）、水准均衡方式（1984 年 4 月至今）五种方法。

（一）生活救助标准制定方法的变迁

1. 沿用战前《军事扶助法》的生活救助标准

如前所述，停战初期，为了回应 GHQ 对生活困难者的救助要求，在未进行充分调查研究、准备不充分的情形下，日本政府内阁会议匆忙决定的《生活困难者紧急生活援助纲要》，参考日本生活问题研究所的东京都市区“标准家庭”五口之家的最低生活费数据，决定沿用战前各种救贫法中救助金额最高的《军事扶助法》的救助标准①，救助标准见表 5-9。

表 5-9　　第 1 次救助上限标准额

地区	1 人户（日元）	2 人户（日元）	3 人户（日元）	4 人户（日元）	5 人户（日元）	增额（钱）
东京都市区和五大都市	2.37	4.03	4.99	5.96	6.66	70
人口 30 万以上的市	2.19	3.77	4.64	5.52	6.13	61
人口 15 万以上 30 万以下的市	2.02	3.42	4.21	5.08	5.61	53
人口 5 万以上 15 万以下的市	1.84	3.15	3.86	4.64	5.17	53
人口 5 万以下的市	1.66	2.8	3.51	4.21	4.64	44
町村	1.49	2.54	3.15	3.77	4.21	44

资料来源：篭山京. 公的扶助論［M］. 东京：光生館，1991：217。

此后，由于通货膨胀严重，随着物价的上涨，救助标准额在 1946 年调整了 3 次，1947 年调整了 4 次，仍落后于物价的上涨幅度。如在 1947 年 11 月 1 日进行第 7 次调整前，6 大都市五口之家的生活救助标准额仅相当于国民月平均支出额的 20%左右。② 救助标准过低不仅招致了社会舆论的批判，还出现了向最高法院陈情的起诉者。为了解决生活救助标准制定的主观臆断问题，使之建立在科学的方法之上，政府于 1948 年 8 月 1 日对生活救助标准进行第 8 次修订时，采用了市场菜篮子方式。

2. 市场菜篮子方式

所谓市场菜篮子方式，又称标准预算法，最早是由英国人朗特里在 1901 年

① 籠山京. 公的扶助論［M］. 東京：光生館. 1991：217-218.

② 日本社会事業大学救貧制度研究会編. 日本の救貧制度［M］. 東京：勁草書房，1960：311.

提出的。市场菜篮子方式是根据营养学维持人体正常机能所需热量和营养，确定一张被社会认可的维持最低生活水平所需生活必需品的种类和数量清单，根据市场价格计算购买这些生活必需品所需金额，即为贫困线。

为了实现无差别平等的最低生活保障理念，1948 年 8 月厚生劳动省决定采用市场菜篮子方式计算最低生活费。然而，由于菜篮里食物的挑选难以排除主观随意性，加之选定的“标准家庭”为没有男子就业的未亡人家庭，导致饮食费标准定得过低。即便如此，市场菜篮子方式的采用，大大提高了“标准家庭”的生活救助标准。“标准家庭”的生活救助标准额由修改前的 1 500 日元增加到 4 100 日元，占国民月平均支出额的约 38%。①

1948 年采用市场菜篮子方式计算生活救助标准的步骤如下：首先，依据《受助者生活状况全国普查》结果，从全体受助者家庭中选出“标准家庭”。

标准生活费由以个人为单位消费的饮食费、被服费等 1 类费用和以家庭为单位消费的照明取暖费和家什费等 2 类费用以及孕妇（怀孕及产后 6 个月的营养）、老年人（原则上 70 岁以上）、单亲家庭、残疾人、居家患者、儿童抚养等各种补贴所构成。

在市场菜篮子方式下，饮食费的计算，依据营养学的研究成果，计算精度大大提高。但是，由于当时未考虑年龄和性别对饮食费的影响，因此，制定的饮食费标准精准度仍然不够。鉴于此，1948 年 11 月 1 日在对生活救助标准进行第 9 次修订时，采用了按不同规模家庭成员的性别和年龄进一步详细划分的“组合方式”。即便如此，饮食费以外的支出项目，仍缺乏精准的指标，计算工作相当复杂，且随着时间推移，难以准确地反映居民消费结构的变化，使得受助家庭生活消费水平的提高落后于自立的一般劳动者家庭，二者之间的消费水平差距不断扩大。如 1952 年受助家庭的消费水平为自立的一般劳动者家庭的 54.8%，1960 年则下降为 38.0%。②

3. 恩格尔系数方式

为了纠正市场菜篮子方式下受助家庭与一般劳动者家庭的消费水平差距不断

① 小沼正．貧困：その測定と生活保護［M］．東京：東京大学出版社，1980：109.

② 川上昌子．公的救助論［M］．東京：光生館．2007：73.

拉大问题，1961 年采用恩格尔系数方式制定生活救助标准，即以营养学维持人体正常机能所需热量和营养，计算“标准家庭”的饮食费。恩格尔系数使用家计实况调查中与“标准家庭”饮食费相同、有 1 人就业的东京都低收入的四口之家的生活费支出总额推算。计算步骤如下：

第一步：选定饮食费标准计算基础的“标准家庭”。

第二步：计算饮食费。按“标准家庭”成员的年龄和性别所需热量计算饮食费，即按每天人均所需热量 1 885 千卡热量计算的四口之家的饮食费标准为 6 942. 84 日元。在此基础上，加上学校伙食费 330. 50 日元、育儿费 95. 00 日元、基础扣除 661. 38 日元，得到“标准家庭”的总饮食费 8 029. 72 日元。饮食费计算使用的物价为总理府总务厅家计调查的东京都消费者价格，“标准家庭”成员的年龄和性别所需热量标准，详见表 5-10。

表 5-10　“标准家庭”性别和所需热量　单位：千卡

年龄	性别	每天所需热量标准	备注
35	男	2 190	轻度体力劳动
30	女	1 850	
9	男	2 100	
4	女	1 400	
平均		1 885	

资料来源：篭山京，公的扶助論［M］，東京：光生館，1991：245.

第三步：求出恩格尔系数。通过对低收入阶层的家计调查（自 1962 年度改为社会保障生计费调查），找出现实生活中与“标准家庭”构成相同、饮食费相同的东京都低收入家庭的生活费，利用调查结果，采用最小二乘法，计算饮食费与恩格尔系数的相关公式，利用相关公式，求出低收入家庭的恩格尔系数。计算公式为：

$Y=0.58602\times10-2x-0.31081\times10-2x+79.15832$

其中 Y 表示恩格尔系数，x 表示饮食费

计算结果，恩格尔系数为 57. 979 6，生活费总额为 13 849 日元（见表 5-11）。

表 5-11　　饮食费总额计算基础和“标准家庭”救助额　　单位：千卡，日元

	四口之家	
	热量	救助金额
饮食费总额		8 029.72
恩格尔系数		57.979 6
饮食费	1 885	6 942.84
主食	1 367	3 159.94
米	699	1 890.02
非米主食	668	1 269.92
黑麦	101	180.21
面包	320	798.49
乌冬面	247	291.22
副食	397	33.16
鱼贝	214	2 008.95
蔬菜	183	1 307.06
调料	121	442.05
食盐		12.26
其他	121	429.79
嗜好品		24.84
标准外饮食费		1 086.88

资料来源：篭山京，公的扶助論［M］．東京：光生館，1991：245.

第四步：利用恩格尔系数和饮食费，计算不同规模家庭的最低生活费标准。基于恩格尔系数方式计算的最低生活费，采用了营养学、生理学、医学等领域的研究成果，使得生活救助标准制定建立在了科学的理论与方法之上，同时利用自立的低收入劳动者家庭的家计调查数据，生活救助标准能够反映低收入家庭的一般消费水平。然而，在 20 世纪 60 年代的经济高速度发展期，日本首相池田勇人①内阁实施了国民收入倍增计划，国民之间的收入分配差距不断拉大。基于恩格尔系数方式制定的生活救助标准，仍难以确保受助家庭与自立劳动者家庭生活

① 1960—1964 年日本首相。

消费水平的同步增长。比如，1964 年受助家庭的人均生活消费支出占自立的劳动者家庭人均生活消费支出的比例为 47.1%①，虽然比市场菜篮子方式制定生活救助标准时有了改善，但是，受助家庭生活救助标准的增长幅度仍落后于自立的劳动者家庭收入及物价的增长幅度。为了缩小受助家庭与劳动者家庭生活消费支出水平的差距，当时的厚生劳动省决定从 1965 年起，采用差距缩小方式制定生活救助标准。

4. 差距缩小方式

伴随经济的高速发展，自立国民的生活消费水平显著提高。总理府家计调查显示，城市劳动者家庭平均生活消费水平从 1960 年至 1963 年名义增长率高达 44%、实际增长率为 19%、实际年增长率为 5.9%。农林省农家经济调查也表明，农业家庭的平均生活消费水平基本上与城市劳动者家庭是相同程度的提高。与此相对照，同时期的生活救助标准虽然得到了大幅度提高，但尚未达到全体城市劳动者家庭平均生活消费水平的 50%，因而受助家庭的生活消费水平需要大幅度改善。②

为了提升受助群体的生活消费水平，厚生劳动省 1965 年 4 月 1 日在对生活救助标准进行第 21 次修订时，采用了盯住与受助群体最接近的十等份分组中第一组家庭的生活消费水平的方法，以缩小受助家庭与自立的劳动者家庭生活消费水平的差距。

差距缩小方式的内涵是将按收入十等份分组中第一组低收入居民人均生活消费支出的增长率设定为生活救助标准调整率，关注家计调查的劳动者家庭中，低收入居民人均生活消费水平与自立的劳动者家庭平均消费水平的差距，在 10 年后的 1975 年，使受助家庭的人均生活消费支出额达到中等收入家庭人均生活消费支出额 60%的目标。

人均生活消费支出的内涵包括农业家庭、非农业家庭、单身家庭三种类型的人均个人消费支出预测值，将经济企划厅作为经济预测指标之一公布的个人消费支出增长率看作一般消费水平增长率，生活救助标准增长率至少要高于一般消费水平增长率。计算公式为：

---

① 和田有美子，木村光彦．戦後日本の貧困—低消費世帯の計測［J］．社会保障研究，1998，34（1）．

② 籠山京．公的扶助論［M］．東京：光生館，1991：255.

调整率=经济预测的个人消费支出增长率×人口人均换算率+α

其中，设置人口人均换算率的目的是用人口增加率修正当初经济预测的个人消费支出增长率，避免低收入的劳动者放弃工作而成为不劳而获的受助者，α 项增额是为了确保生活救助标准的增长率高于自立消费水平的增长率。①

差距缩小方式下，从 1965 年至 1975 年的 10 年间，日本生活救助标准以年均 15%的增幅持续提升，大大缩小了受助家庭与自立劳动者家庭的消费水平差距。使用厚生劳动省的受助家庭家计调查和总理府的家计调查资料计算的受助家庭人均消费支出占自立劳动者家庭人均消费支出的比例，由差距缩小方式采用前，即 1964 年的 47. 1%，调整为 1968 年的 52. 3%、1970 年的 54. 6%、1975 年为 60. 9%，达到了受助家庭人均生活消费支出额占中等收入家庭人均生活消费支出额 60%的救助标准目标。②

5. 水准均衡方式

鉴于差距缩小方式下设定的受助家庭人均生活消费支出额占中等收入家庭人均生活消费支出额 60%的政策目标已经实现，1983 年中央社会福祉审议会社会救助专门分科会利用 1977—1979 年的家计调查契机，收集了劳动者四口之家（其中一人就业）的家庭收支数据，对生活救助标准额的妥当性进行检验，于 1983 年 12 月 23 日向厚生劳动大臣提出了题目为《关于生活救助标准及增额方法》的意见书，该意见书，对于总务省家的计调查数据按收入阶层进行了详细分析，提出了现行生活救助标准与一般国民的消费实际状况对比基本达到了妥当水平的见解。③ 厚生劳动省采纳了社会救助专门分科会的意见，决定将生活救助标准的制定方针，由缩小与中低收入阶层居民的消费水平差距改为维持 20 世纪 80 年代前半期的水平④，1984 年 4 月 1 日在对生活救助标准进行第 40 次修订时，决定采用水准均衡方式，使生活救助标准的调整率与一般劳动者家庭生活消费支

① 籠山京. 公的扶助論［M］. 東京：光生館，1991：257.

② 和田有美子，木村光彦. 戦後日本の貧困——低消費世帯の計測［J］. 社会保障研究，1998，34（1）：91.

③ 日本第 24 回社会保障審議会生活保護基準部会. 生活扶助基準の水準の検証手法及び今後の検証手法の開発に向けた検討（資料 2）. 2016-07-15. https//www. mhlw. go. jp/file/05-Shingikai-12601000-Seisakutoukatsukan-Sanjikanshitsu_ Shakaihoshoutantou/ kijun24_ 6. pdf.

④ 日本の生活保護基準［N］. 朝日新聞，1983-12-24.

出的增长率保持一致。①

所谓水准均衡方式，是指为了使受助家庭生活消费水平与一般劳动者家庭生活消费水平保持均衡而制定的生活救助标准。它有两层含义：一是使生活救助标准额与低收入家庭中相当于生活救助项目的消费额保持一致；二是维持受助家庭人均生活消费支出额占中等收入家庭人均生活消费支出额60%的政策目标。这里的低收入家庭，是指厚生劳动省开展的全国消费实况调查对象中，按家庭规模和人均年收入十等份分组的第一组家庭；中等收入家庭是指上述调查对象中，按家庭规模和人均年收入五等份分组的第三组家庭。②

生活救助标准的调整率是以政府经济预测中本年度的民间最终消费支出增长率为基础，同时参考工资和物价的变动水平，由政府每年 4 月 1 日公布。

水准均衡方式下生活救助标准的设计思路是：采用市场菜篮子方式计算“标准家庭”饮食费；假定每个人饮食费以外的费用也按其年龄所需热量消费，建立“标准家庭”所需热量与第 1 类费用的比例关系，求出每千卡热量对应的第 1 类费用金额，利用各年龄段所需热量的国家标准，推算出各年龄段第 1 类费用标准；参考总理府家计调查的与“标准家庭”规模和结构相同的一般低收入家庭生活消费支出中，相当于第 1 类费用与第 2 类费用的比例，由社会保障审议会生活保障基准部会决定“标准家庭”第 1 类费用与第 2 类费用的占比，据此计算“标准家庭”的第 2 类费用标准；参考总理府家计调查的不同规模低收入家庭中相当于第 2 类费用的实际支出额，规定不同规模家庭的第 2 类费用标准。③

对日本救助标准制定方法变迁的考察，可以得到以下启示：尽管生活救助标准制定方法随着社会经济情况的变化不断地变更完善，但 1948 年之后各种制定方法下的饮食费标准，一直采用市场菜篮子方式制定，且最低生活费用由以个人

---

① 岩永理惠．保護基準とはいかなる意味をもつ基準か［J］．社会政策学会誌. 社会政策，2010，2（2）．

② 厚生労働省社会・援護局保護課．生活扶助基準の検証関係参考資料．2004 年全国態調査特別集計，生活扶助基準に関する検討会報告書．https：//www. wam. go. jp/wamappl；焦培欣．我国小康社会生活救助标准研究——日本水准均衡方式的借鉴［J］．中国行政管理，2019（5）：143-150.

③ 厚生労働省社会．援護局保護課．生活扶助基準の検証関係参考資料，2004 年全国態調査特別集計，生活扶助基準に関する検討会報告書．https：//www. wam. go. jp/wamappl；焦培欣．我国小康社会生活救助标准研究——日本水准均衡方式的借鉴［J］．中国行政管理，2019（5）：143-150.

为单位消费的第 1 类费用和以家庭为单位消费的第 2 类费用及各种增额和扣除标准构成，且各种生活救助标准制定方法的思路相同，即选定具有代表性的“标准家庭”、将全国划分为不同消费水平的地区或等级地，利用消费水平最高的东京都市区“标准家庭”的最低生活费去推算其他地区或等级地各种规模的家庭的最低生活费，以确保全国使用统一方法制定的社会救助标准能够反映各地居民消费水平的差异。可以说，日本生活救助标准从战后至今，已经实现了由主观决定到采用科学方法制定，由克服绝对贫困变为克服相对贫困的质的飞跃。

（二）特殊群体的增额标准

鉴于战败初期的生活救助标准过低，不能维持受助家庭成员日常生活起居活动所需营养，也未考虑单亲母子家庭、残疾人家庭、孕产妇等特殊群体的个性化需要，厚生劳动省于 1949 年 5 月 1 日设立了孕产妇、母子和残疾人的增额标准，以便在一般成年人的生活救助标准之外，通过设立增额标准，解决这些特殊群体的最低生活需要。

为了使增额标准反映各地的物价水平，厚生劳动省采用了与等级地挂钩且以个人为单位计算增额标准的方法。在经济高速发展阶段，为了解决老年人的生活问题，以 1960 年老年福祉年金创设为契机，新设了老年增额，并使其标准额等同于老年福祉年金额，同时还将母子增额和残疾人增额的标准也改为各自对应的福祉年金金额。①

1984 年采用水准均衡方式后，生活救助标准按照一般低收入国民生活消费支出的增幅进行调整，各种增额标准相应地改为按居民消费价格指数 CPI 进行调整。② 特殊群体的增额标准，详见表 5-7。

（三）收入扣除标准

劳动收入扣除标准设立的目的，一是为了弥补受助家庭成员因从事劳动而发生的额外费用，二是鼓励有劳动能力的家庭成员积极就业。下面主要分析日本在

---

① 生活扶助基準に関する検討会．生活扶助基準に関する検討会報告書．2007. 日本厚生劳动省网站：https：//www. mhlw. go. jp/shingi/ 2007/11/s1130-10. html.

② 1 類費と 2 類費の構成割合について．厚生劳动省网站：www. mhlw. go. jp/shingi/2003/12/s1216-5g. html.

生活救助标准之外设立劳动收入扣除标准的理由。

如前所述，日本在使用市场菜篮子方式制定生活救助标准时，选定的“标准家庭”为无就业人员的五口之家，用作饮食费计算依据的热量标准制定得非常低，比如 1953 年“标准家庭”中的 63 岁男性，其每天的热量标准是 1 917 千卡，33 岁女性是 1 753 千卡。按照此热量标准计算出的生活救助费，仅能维持受助家庭成员日常生活起居动作所需营养。① 如果受助家庭成员从事劳动，会额外地消耗体力，势必增加在食品、穿戴、技能提升及社会交往方面的支出。因此，厚生劳动省在维持日常生活起居动作所需营养的生活救助标准之外，通过设立劳动收入扣除标准，来弥补受助者因劳动而发生的额外生活费用。

随着战后经济的高速发展，作为饮食费计算依据的热量标准不断提高，作为生活救助标准计算基础的“标准家庭”，由原来残缺的受助家庭改成了一人工作养家糊口的低收入劳动者家庭，劳动收入扣除标准作为饮食费标准弥补手段的理由不复存在，但作为激励受助家庭成员积极就业的手段被保留了下来。

现行劳动收入扣除标准，分为基础扣除、新生劳动力就业扣除、未成年人扣除三种，其中基础扣除是劳动收入扣除的核心。以 2018 年为例。基础扣除额按月收入额设定，对于 15 000 日元及以下的劳动收入，家庭中的第 1 人和第 2 人均可全额扣除；15 000 日元以上的收入，按收入档次分别设定第 1 人和第 2 人的基础扣除额。新生劳动力就业扣除适用于找到稳定工作的初高中毕业生，在开始就业的前 6 个月，不分等级地对其劳动收入的 11 200 日元予以扣除。未成年人扣除是对于 20 周岁以下未成年人从事临时性工作获得的劳动收入，按一定金额（月额 11 400 日元）予以扣除。

上述劳动收入扣除，均不分地区按月扣除相同金额。基础扣除属于长期性扣除，目的在于弥补受助家庭成员因就业发生的额外支出，同时激励有劳动能力的家庭成员努力就业，从而真正实现受助家庭的脱贫自立。新生劳动力就业扣除和未成年人扣除均为短期性扣除，目的在于鼓励达到就业年龄的受助家庭子女积极就业，融入社会。

① 籠山京．公的扶助論［M］．東京：光生館，1991：154-155，176，217，292；追録：2-6.

（四）临时性救助标准

临时性救助包括年终年初的临时救助、应急救助、冬季增额救助三种。

1. 年终年初的临时救助

年终年初的临时救助创设于 1960 年，是为了满足过年时增加饮食费和被服、家具、炊具及餐具等杂费需要而设立的，在每年的 12 月份发放。年终年初的临时救助，按救助标准制定方法可分为以下三个时期。

1960—1963 年，采用市场菜篮子方式计算年末临时救助额，主要是考虑到一般国民过年时的生活消费习惯，在年末年初会增加家庭生活消费开支。1960 年菜篮子里只有过年时消费的糯米和糯米年糕两项。1961 年除了过年时消费的糯米和糯米年糕外，还增加了橘子、袜子、日本纸牌等。

1964—1972 年，采用了对比社会保障生计调查的低收入阶层的四口之家 11 月与 12 月的生活消费支出，将 12 月显著增加的费用项目，作为最低生活的内容予以认可的方法计算临时救助标准。费用项目包括米类、副食品、嗜好品、家具、炊具、餐具、照明取暖、其他服装、交际费、其他杂货等。此后一直采用按生活救助标准调整率调整上年度临时救助额的方法制定临时救助标准。2018 年按等级地和家庭规模制定的临时救助标准详见表 5-12。

2. 应急救助

应急救助是对贫困者开始接受救助、婴儿出生、子女入学、住院、入住救助机构时需要购买被服、日用品以及遭受自然灾害时重新购置生活及学习用品支出的给付。应急救助标准按费用项目根据需要设定，详见表 5-12 和表 5-13。

表 5-12　　2018 年入住机构等的应急救助标准　　单位：日元/人·月

入住护理机构等	基本生活费	1、2、3 级地		
		9 690 日元以内		
	冬季增额	Ⅰ区和Ⅱ区	Ⅲ区和Ⅳ区	Ⅴ区和Ⅵ区
		3 530	2 070	980
患者住院	日用品费	1、2、3 级地		22 680 日元以内
	冬季增额	1、2、3 级地		
		Ⅰ区和Ⅱ区	Ⅲ区和Ⅳ区	Ⅴ区和Ⅵ区
		3 530	2 070	980

续表

<table>
<tr><td rowspan="3">入学准备金</td><td colspan="3">1、2、3 级地</td></tr>
<tr><td>小学</td><td>中学等</td><td>高中等</td></tr>
<tr><td>40 600 日元以内</td><td>47 400 日元以内</td><td>63 200 日元以内</td></tr>
</table>

资料来源：日本厚生劳动省网站 https：//www. mhlw. go. jp 发布的《2018 年度生活保护实施要领》等。

表 5-13　　2019 年生活必需品的应急救助标准

<table>
<tr><td colspan="2" rowspan="2">配电、上下水道、水井等的设备费</td><td>特别标准</td><td colspan="2">122 000 日元以内</td></tr>
<tr><td>1.5 倍额</td><td colspan="2">183 000 日元以内</td></tr>
<tr><td rowspan="2">住房救助</td><td rowspan="2">住房修缮费</td><td>一般标准</td><td colspan="2">122 000 日元以内</td></tr>
<tr><td>特别标准</td><td colspan="2">183 000 日元以内</td></tr>
<tr><td colspan="2" rowspan="5">家具、炊具及餐具费</td><td>炊具、餐具等</td><td colspan="2">29 100 日元以内</td></tr>
<tr><td>特别标准</td><td colspan="2">183 000 日元以内</td></tr>
<tr><td>取暖器具</td><td colspan="2">20 000 日元以内</td></tr>
<tr><td>特别标准</td><td colspan="2">50 000 日元以内</td></tr>
<tr><td>安装费用</td><td colspan="2">必要最低限的金额</td></tr>
<tr><td colspan="2">财产保管费</td><td>月额</td><td colspan="2">13 000 日元以内</td></tr>
<tr><td rowspan="11">被服费</td><td rowspan="2">被褥类</td><td>重新缝制一套</td><td colspan="2">13 200 日元以内</td></tr>
<tr><td>购置一套</td><td colspan="2">19 200 日元以内</td></tr>
<tr><td colspan="2">平时穿的衣服</td><td colspan="2">13 800 日元以内</td></tr>
<tr><td colspan="2">新生儿服装</td><td colspan="2">51 000 日元以内</td></tr>
<tr><td colspan="2">住院穿的睡衣</td><td colspan="2">4 300 日元以内</td></tr>
<tr><td colspan="2">纸尿布等</td><td>月额</td><td>20 500 日元以内</td></tr>
<tr><td rowspan="5">受灾时的被服费</td><td></td><td>夏季（4~9 月）</td><td>冬季（10~次年 3 月）</td></tr>
<tr><td>2 人以内</td><td>19 500 日元以内</td><td>35 100 日元以内</td></tr>
<tr><td>4 人以内</td><td>37 200 日元以内</td><td>59 400 日元以内</td></tr>
<tr><td>5 人</td><td>47 800 日元以内</td><td>75 500 日元以内</td></tr>
<tr><td>6 人以上每增加 1 人的增额</td><td>7 000 日元以内</td><td>10 400 日元以内</td></tr>
<tr><td rowspan="2">入学准备金</td><td rowspan="2">学生服装等重新购买</td><td>小学等</td><td colspan="2">63 100 日元以内</td></tr>
<tr><td>中学等</td><td colspan="2">79 500 日元以内</td></tr>
<tr><td colspan="2">学校兴趣活动费</td><td>月额</td><td colspan="2">5 000 日元以内</td></tr>
</table>

3. 冬季增额标准

为了满足受助者居家或入住设施时冬季增加的取暖费、被服费等消费需要，在冬季的生活救助标准额中，设置了一项冬季增额。

（1）冬季增额的创设与变迁。冬季增额标准创设于 1951 年，适用对象为接受生活救助的贫困家庭，不同时期的增额标准制定方法相同。冬季增额标准按地区（Ⅰ区~Ⅳ区）、家庭人数、等级地设定。冬季增额地区是按一年间最低月的平均气温、积雪量、积雪期间、需要取暖日数等综合考虑，以都道府县为单位划分的，全国共分为 6 个区。1966 年的冬季增额地区划分被一直沿用至今。

1）1965—1969 年，Ⅰ区冬季增额标准，参照国家公务员寒冷地津贴设定方法而设定。计算公式为：（扣除水电费后实际给付的生活救助标准额+住房救助标准额）×0. 85[①]×1/5[②]；Ⅱ~Ⅵ区的冬季增额标准为Ⅰ区冬季增额标准额乘以国家公务员寒冷地津贴的各区指数。国家公务员寒冷地津贴的各区指数见表 5-14。

表 5-14　　国家公务员寒冷地津贴的各区指数

Ⅴ区	Ⅳ区	Ⅲ区	Ⅱ区	Ⅰ区
100. 0%	76. 4%	45. 7%	32. 0%	18. 3%

资料来源：日本厚生劳动省 2014 年 10 月 21 日发布的《冬季增额》内容。

Ⅵ区的冬季增额标准，按各区冬季与夏季指数化的照明取暖费差额设定，各区照明取暖费差额指数见表 5-15。

表 5-15　　各区冬季与夏季照明取暖费差额指数

Ⅰ区	Ⅱ区	Ⅲ区	Ⅳ区	Ⅴ区	Ⅵ区
100. 0%	70. 6%	45. 7%	35. 2%	24. 8%	14. 4%

资料来源：日本厚生劳动省 2014 年 10 月 21 日发布的《冬季增额》内容。

2）1970—1973 年，Ⅰ~Ⅴ区冬季增额标准为上年度冬季增额标准额乘以生活救助标准调整率；Ⅵ区冬季增额标准按各区冬季与夏季指数化的照明取暖费差额设定。

① 国家公务员寒冷地津贴的年给付额 =（薪金与抚养津贴的合计额）×0. 85。

② 国家公务员寒冷地津贴的给付额为年额，冬季津贴发放时间为 5 个月，因此，每个月的冬季津贴为年额除以 5。

3）1974 年至今，各区冬季增额标准均按上年度冬季增额标准额乘以生活救助标准调整率设定。

（2）不同规模家庭的冬季增额标准指数。家庭人数不同，所需取暖费及被服费也不相同。为了体现家庭规模对冬季增额标准的影响，冬季增额津贴采用按家庭规模设置指数的方法发放。不同规模家庭冬季增额标准的指数，是根据1977—1979 年家计调查中按年收入分组的五分位中第一组劳动者家庭基于人口的消费支出额而设定的。1986 年后，不同规模家庭的冬季增额标准指数未做调整，一直沿用至今。其计算方法为，以“标准家庭”三口之家的冬季增额标准额为 100%，用其他规模家庭的冬季取暖费和被服费金额除以三口之家的冬季增额标准额而得。

表 5-16　　基于家庭人数的冬季增额标准指数

1 人	2 人	3 人	4 人	5 人
64.7%	83.8%	100.0%	113.4%	117.7%

资料来源：日本厚生劳动省 2014 年 10 月 21 日发布的《冬季增额》内容。

（3）冬季增额等级地间的调整指数。冬季增额等级地间的调整指数，利用生活救助标准的等级地划分，6 个等级地之间，按均差 4.5%的等差设定。

（五）机构入住者的救助标准

对于需要在救护机构、更生保护机构等生活的贫困者，救助内容包括为其在救助机构的生活提供基本生活费（见表 5-17）、冬季取暖增额（见表 5-18）、过年时的临时救助费（见表 5-19），救助标准是基于入住者在各种机构的实际生活费和机构所在地的生活成本差异、冬季取暖费及年终年初的实际需要制定的。

表 5-17　　2018 年救助机构入住者的基本生活费救助标准　　单位：日元/人·月

级地	养护机构及相当于养护机构的机构	更生机构及相当于更生机构的机构
1 级地	62 940	66 680
2 级地	59 800	63 340
3 级地	56 650	60 010

表 5-18　　2018 年救助机构入住者冬季增额标准　　单位：日元/人・月

Ⅰ区（10 月～次年 4 月）	Ⅱ区（10 月～次年 4 月）	Ⅲ区（11 月～次年 4 月）	Ⅳ区（11 月～次年 4 月）	Ⅴ区（11 月～次年 3 月）	Ⅵ区（11 月～次年 3 月）
5 790	4 390	4 180	3 690	2 850	2 010

表 5-19　　2018 年救助机构入住者年终年初临时救助标准　　单位：日元/人・月

级地	标准额
1 级地	4 970
2 级地	4 520
3 级地	4 070

资料来源：表 5-18 和表 5-19 的资料均来自于日本厚生劳动省发布的《2018 年生活保护救助标准（草案）》。

第三节　专项救助的标准

对于陷入生活困境的贫困者居家或入住机构生活，在维持其最低生活的救助费用中，包含着冬季发放的取暖费和被服费补贴以及购买过年用品的临时性给付。此外，为了满足其本人或家庭成员接受义务教育、租住房屋、治疗疾病、生育、就业、日常生活护理及死亡时的特殊需要，还设立了教育救助、住房救助、医疗救助、生育救助、就业救助、护理救助、丧葬救助等救助类型。

一、教育救助

教育救助是对于接受义务教育的小学生和中学生学习需要的教材费、学习用品费、伙食费、交通费以及参加学校的兴趣小组活动等给付，救助标准详见表 5-20。

表 5-20　　2019 年教育救助标准　　单位：日元/人・月

标准额	小学等	2 600 日元
	初中等	5 100 日元
特别标准（班费）	小学等	830 日元以内
	初中等	750 日元以内
教材费、伙食费、交通费等		按实际费用给付
灾害时学习用品等再发放	小学等	11 400 日元以内
	初中等	22 300 日元以内
学习援助费（年上限额）	小学等	16 000 日元以内
	初中等	59 800 日元以内
特别标准（学习援助费）	小学等	20 400 日元以内
	初中等	76 300 日元以内

二、住房救助

住房救助是对于不能维持最低生活的贫困者，按居住地标准以内所支付的房租、房间费、土地费及房屋修缮费等，在厚生劳动大臣规定的一般标准范围内，按实际金额予以给付。此外，为了使住房救助标准满足不同地区的实际需要，在一般标准之外，还设定了按厚生劳动大臣规定的金额乘以 1.3 倍以内的特别标准。当支付的房租等超过一般标准时，超过部分在各都道府县知事及指定城市市长设定的、经厚生劳动大臣认可的特别标准之内的实际支付部分予以给付。2018 年的住房救助标准见表 5-21 和表 5-22。

表 5-21　　2018 年东京都市内住房救助一般标准　　单位：日元/月

一般标准	13 000			
家庭人数	1 人			
地板面积	$6m^2$ 以下	$6\sim10m^2$ 以下	$10\sim15m^2$ 以下	$15m^2$ 以上
东京都市内标准额	38 000	43 000	48 000	53 700
特别标准额	69 800			
押金等金额	279 200			
手续更新费等	104 700			

续表

家庭人数	2人	3人	4人	5人	6人	7人以上
东京都市内标准额	64 000	69 800	69 800	69 800	75 000	83 800
特别标准额	75 000	81 000	86 000	91 000	91 000	97 000
押金等金额	300 000	324 000	344 000	364 000	364 000	388 000
手续更新费等	112 500	121 500	129 000	136 500	136 500	145 500

资料来源：日本厚生劳动省发布的《2018 年生活保护救助标准（草案）》《2018 年生活保护实施要领》等。

表 5-22　　2018 年不同级地的住房救助标准

级地	房租、房费、地租等月额	房屋修缮费等年额
1、2 级地	13 000 日元以内	120 000 日元以内
3 级地	8 000 日元以内	

资料来源：日本厚生劳动省发布的《2018 年生活保护救助标准（草案）》《2018 年生活保护实施要领》等。

三、医疗救助

医疗救助是对受助者生病或受伤时的检查费、诊断费、治疗费、住院出院或转院的交通费及医用材料费的给付。给付标准为在医院接受医疗服务所花费用，以实物给付为原则，直接支付给为受助者提供诊疗服务的医疗机构，受助者本人不负担任何费用。

此外，受助者在住院期间还可得到包括基本生活费救助、冬季增额救助及日用品费在内的应急救助，如表 5-12 所示，2018 年的基本生活费标准在 9 690 日元以内予以给付，住院患者冬季（从 11 月至次年的 3 月）的增额标准按地区分为三种：第一种是Ⅰ区及Ⅱ区，增额为 3 530 日元；第二种是Ⅲ区及Ⅳ区，增额为 2 070 日元；第三种是Ⅴ区及Ⅵ区，增额为 980 日元。住院患者的日用品费在 22 680 日元以内予以给付。

2019 年住院患者的基本生活费标准又有所提升，在 23 150 日元以内，除此之外，冬季增额按地区分为三种：第一种是Ⅰ区及Ⅱ区，增额为 3 600 日元；第二种是Ⅲ区及Ⅳ区，增额为 2 110 日元；第三种是Ⅴ区及Ⅵ区，增额为 1 000 日元。此外，还包括住院患者的日用品费。

比较 2018 年和 2019 年，仅仅一年救助标准就有大幅度的提升，说明医疗救助在社会救助中的份额在上升。

四、生育救助

生育救助是对于分娩花费的实际费用在标准额范围内予以给付。救助的内容为提供分娩费、分娩看护费、分娩前后的治疗费、分娩所需卫生用品费等。此外，根据分娩的场所，将生育救助细分为医疗机构分娩和居家分娩两种。在机构分娩的情况下，救助金额要按住院发生的实际费用给付。救助标准分为正常分娩的一般标准和预产期骤变等特殊情况下分娩的特别标准两种。1 级地-1 的生育救助标准见表 5-23。

表 5-23　　2018 年生育救助标准（1 级地-1）

<table>
<tr><th colspan="2">一般标准</th><th>机构分娩增额</th><th>卫生用品费增额</th></tr>
<tr><td>医疗机构分娩</td><td>居家分娩</td><td rowspan="2">8 日内住院费（医疗救助）实际额</td><td rowspan="2">5 800 日元以内</td></tr>
<tr><td>295 000 日元以内</td><td>259 000 日元以内</td></tr>
<tr><td rowspan="2">特别标准</td><td>预产期骤变等</td><td colspan="2">305 000 日元以内</td></tr>
<tr><td>产科医疗救助制度的救助费</td><td colspan="2">30 000 日元以内</td></tr>
</table>

另外，从 2019 年开始，在医疗机构分娩的，救助金额在 160 000 日元以内；居家分娩的，救助金额在 204 000 日元以内。在医院、助产所等医疗机构分娩的情况下，按住院八日以内的实际住院日数所需的最低金额与特别标准合并计算。关于必需的卫生用品费在 5 400 日元以内予以给付。

比较 2018 年和 2019 年，仅仅一年生育救助的标准就明显下降，说明生育救助在社会救助中的份额在下降。

五、就业救助

就业救助包含创业类和技能学习类，仅限于提供给就业救助可能增加收入而实现脱贫自立的贫困者，包括：提供开办小规模事业所需资金、器具或资料费、必要技能的学习费、就业所必需的衣服、雨具等物品费（具体标准见表 5-24）。

表 5-24　　2018 年就业救助的种类与标准

<table>
<tr><th colspan="3">种类</th><th>标准额（1、2、3 级地）</th></tr>
<tr><td colspan="3">创业类</td><td>46 000 日元以内</td></tr>
<tr><td rowspan="7">技能学习类</td><td colspan="2">技能学习费（高中等学费以外）</td><td>78 000 日元以内</td></tr>
<tr><td rowspan="6">高中等学校的学费</td><td>基本额（月额）</td><td>5 450 日元</td></tr>
<tr><td>教材费</td><td>购买正规课程使用的教材所需额</td></tr>
<tr><td>学费</td><td>所在都道府县条例规定的都道府县设立的高中的额度以内</td></tr>
<tr><td>入学时杂费和入学考试费</td><td>所在都道府县条例规定的都道府县设立的高中的额度以内。进入市町村设立的高中等学习的学费，市町村条例规定的市町村设立的高中额度以内</td></tr>
<tr><td>上下学所需交通费</td><td>必要最低限额</td></tr>
<tr><td>学习援助费（月额）</td><td>5 150 日元</td></tr>
<tr><td colspan="3">就业准备金</td><td>31 000 日元以内</td></tr>
</table>

资料来源：日本厚生劳动省发布的《2018 年生活保护救助标准（草案）》《2018 年生活保护实施要领》等。

六、护理救助

护理救助是对《护理保险法》的适用对象，由指定护理机构提供与护理保险同样内容服务的实物给付。受助者如果参加了护理保险，在护理机构接受护理服务的费用，首先通过护理保险进行给付，其中自我负担的费用以护理救助方式予以给付。

此外，护理救助对于机构入住者，根据接受救助的性质或入住的机构，分别制定了救助机构入住者的长期救助标准、临时应急救助标准及年终年初的临时救助标准。详见表 5-12、表 5-17、表 5-18、表 5-19。

2019 年护理机构入住者基本生活费标准为每月 9 890 日元以内，除此之外，冬季增额按地区分为三种：第一种是Ⅰ区及Ⅱ区，增额为 3 600 日元；第二种是Ⅲ区及Ⅳ区，增额为 2 110 日元；第三种是Ⅴ区及Ⅵ区，增额为 1 000 日元。移送费金额以移送所必需的最低额度为准。

七、丧葬救助

丧葬救助是对受助者死亡时提供火化、埋葬以及祭奠所需费用的救助。在国家规定救助标准额内，按实际金额进行给付（见表 5-25）。

表 5-25 2018 年丧葬救助标准

级地	标准额	
	成年人	未成年人
1、2 级地	206 000 日元以内	164 800 日元以内
3 级地	180 300 日元以内	144 200 日元以内

资料来源：日本厚生劳动省发布的《2018 年生活保护救助标准（草案）》《2018 年生活保护实施要领》等。

2019 年丧葬费用的基本标准额为：1 级地及 2 级地的成人标准额为 193 000 日元，未成年人标准额为 154 400 日元；3 级地的成人标准额为 168 000 日元，未成年标准额为 135 100 日元。对于丧葬所需费用超过基本标准额的情况下，按照丧葬地所在的市町村条例规定的，火葬所需费用超过 1 级地及 2 级地的成年人为 600 日元、未成年人标准为 500 日元、3 级地的成年人为 480 日元，未成年人标准为 400 日元的情况下，超过额度按照基本标准进行增额。

比较 2018 年和 2019 年的丧葬救助标准可以发现，救助额度有下降的倾向。

日本制定的社会救助标准种类齐全，涵盖了日常生活的各种需要，既有长期性救助标准，也有临时性救助标准，且考虑了受助者的年龄、所在地区、家庭规模和家庭构成等对实际生活需要的影响，其中，生活救助标准之外的其他专项救助标准的制定，参考了全国消费实际调查或家计调查中低收入家庭的实际消费水平，采用设置救助上限的办法，具体每个受助家庭的救助金额，按实际发生费用的合理范围确定。可以说，社会救助的标准是随着日本财政支持力度和政策目标而调整的。

第六章　日本社会救助的管理体系

第一节　社会救助的管理体系

一、行政管理体系

1950年制定的《生活保护法》第1条规定，在国家的直接责任下，对陷入生活困境的贫困者进行必要的救助。这条法律条文明确表明的日本社会救助实施国家责任原理。既然是国家制度，直接负责管理的是厚生劳动省，确切地说是由以厚生劳动大臣为首的厚生劳动省社会援护局救助科具体负责并管辖救助工作。但《生活保护法》第19条又规定，有关救助的开始、变更以及终止等业务操作均由都道府县的知事、市长以及设置福祉事务所的町村长来管理（不设置福祉事务所的町村则直接由都道府县知事管理）。在1999年之前，都道府县和市町村作为国家机构来处理的事务被称为“机构委任事务”，但1999年《地方分权法》颁布后，都道府县和市町村的事务，被分成本地区的“自治事务”和承接的国家“法定受托事务”两种。社会救助的生活保障部分属于“法定受托事务”，而咨询援助则是“自治事务”。此外，《生活保护法》第19条第4款规定，有关救助的决定、实施等事务的全部或一部分可以委托给管辖内的福祉事务所操作，这样一来救助事务执行的责任又变成了福祉事务所所长来负责。

其实，日本社会救助管理体制是自上而下进行的，厚生劳动大臣处于最高位，其次是都道府县知事，具体实施机构是都道府县下所设民生主管部委托的福祉事务所，町村作为辅助管理机构，其中民生委员会主要负责具体事务的实施。厚生劳动省对社会救助制度的保障对象确认、补贴内容、补贴标准等拥有政策的制定权和解释权；对社会救助制度申请人的审核以及制度实施的决定权，归属于都道府县的知事、市长、设有福祉事务所的町村之长。地方政府中设有主管社会福利和社会保障工作的民生部或民生局，设有厚生处或社会处，主要负责监督经办机构即福祉事务所的经办工作情况，指导和监察救助机构的运营情况，以及社会救助制度的预算编制等工作，具体实施救助工作的执行权，由地方政府委托给福祉事务所的所长。① 管理体制如图 6-1 所示。

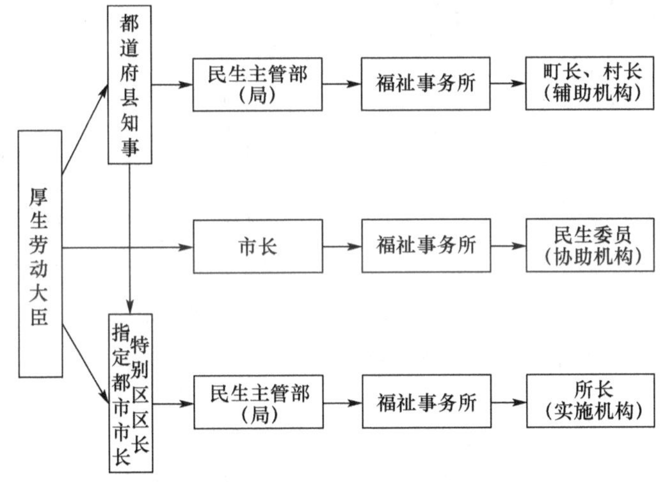

图 6-1　日本社会救助管理体制的构成

资料来源：宋健敏．日本社会保障制度［M］．上海：上海人民出版社，2012：353.

社会救助管理的内在关系图如图 6-2 所示。

二、监察体系

日本社会救助的对象涵盖了儿童到老人，救助的内容较为全面，制度运营的有关规定也非常详细，救助的规模也比较庞大。虽然制度运行严格遵循规定程序，

① 吕学静，王争亚，康蕊等著．中日社会救助制度比较研究［M］．北京：首都经济贸易大学出版社，2017：70.

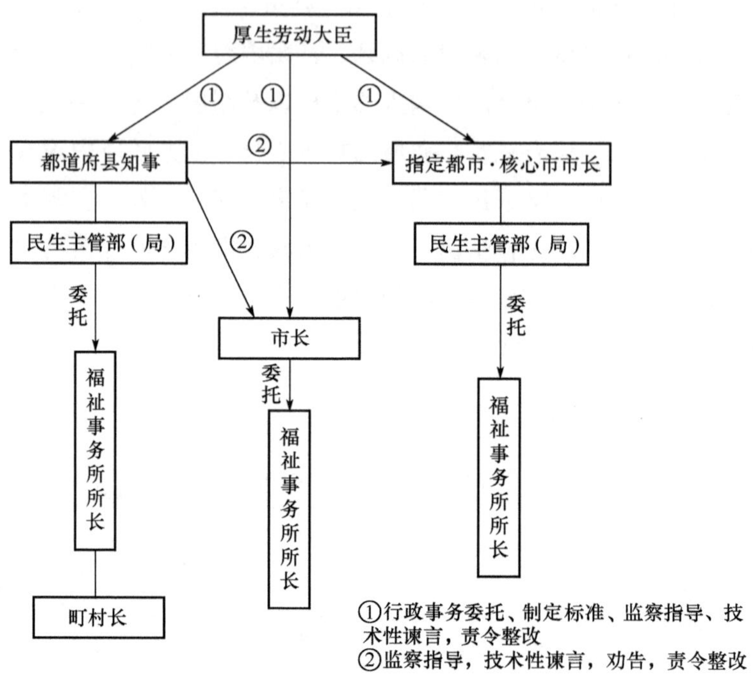

图 6-2　日本社会救助的行政管理体系

资料来源：岩田正美，杉村宏．公共扶助论［M］京都：ミネルヴァ書房，2013：83；作者修改制作。

但并不是所有经办人都具有丰富的经验，这就有可能出现一些工作上的失误。

由于日本社会救助经费来源于税收，保证社会救助制度的依法运营十分重要。此外，纳税人对社会救助的关注也非常高，一旦出现不正当领取救助费的情况发生，就会引发国民的批判潮，对政府的信任度也会出现下降倾向。因此，监察管理是日本社会救助实施工作中的重要环节。

（一）监察种类

为了防止不正当受助情况的发生，《生活保护法》第 23 条规定了“事务监察”。厚生劳动大臣对都道府县知事及市町村长，依据此法开展工作指导，都道府县知事对市町村长的有关救助工作必须通过专门指定的人员进行监察，从此规定中我们可以看出，监察是由从厚生劳动省大臣到都道府县知事，再到市町村的三级监察体系构成，其中厚生劳动省负责整体监察工作。被派遣的监察人员可以要求都道府县知事及市町村长汇报工作情况，并作出各种必要的指示。厚生劳动省称之为“监察指导”，其定义为：监察指导是指对福祉事务所进行的《生活保护法》实施是否确切恰当，通过比照相关法律法规，有针对性地开展监察工作，并采取必要的改正措施，指导社会救助行政部门能够准确高效地运行。

监察分普通监察与特殊监察两种。普通监察原则上是对所有福祉事务所每年一次的实地考察，对救助的决定程序、方法以及对受助者的自立援助是否适当准确地执行进行评估。个案评估时，要对事务所所有的受助家庭类型、劳动力情况全面调查，选择有助于了解各个事务所施救代表性案件，抽查数量大约是受助家庭数量的10%。另外，对受助人的面试及救助中发现止的状况也要充分评估，对前一年监察中发现的问题，要再选一些类似的案件进行评估，以防再犯同样错误。

除上述内容外，普通监察，还要检查各事务所的组织机构及人员配置如何，对救助进展是否进行了督察指导，救助流程是否合规、访问调查开展情况如何、町村与民生委员的协调互动情况如何、与指定医疗机构、社会福祉机构及其他有关机构的横向联系状况如何等其他必要事项。

特殊监察是在普通监察以外，在必要的情况下，对在某个环节出了问题的福祉事务所、对受助动向有特殊倾向的福祉事务所及需要在检查后进行观察的福祉事务所进行监督检查。

（二）监察程序

厚生劳动省的社会救助监察官对口监察都道府县，各都道府县的指定公务员对其管辖的福祉事务所的实施情况进行监察。具体监察程序有五个步骤。

第一，听取都道府县如何对辖区内福祉事务所进行业务指导的汇报。

第二，听取福祉事务所对社会救助实施情况的汇报。

第三，研究个案，对各个案件的指导援助情况，通过个案记录进行核对检查，也就是上述对10%的案例进行抽查。

第四，实地调查。从抽查的案件中选出一个案件，实地考证指导援助的实际情况。

第五，提交监察报告，内容包括监察结果和需要改善之处。每年 3 月厚生劳动省定期召开全国社会救助工作负责人会议，在此会议上要下达每年重点监察项目及注意事项，定期对新上任指导监察员进行监察前培训。

（三）全面监察

在厚生劳动省的网站上，我们可以查找到每年 3 月的全国社会救助工作负责人会议的资料，详尽地阐述了如何做好监察工作，但每年的监察情况却很少提及，其中最新的数据也是 2009 年的。虽然数据已经有些陈旧，但可以帮助我们理解一下监察的实施状况。2009 年，厚生劳动省对 55 家福祉事务所、2 190 件案件，都道府县对 1 184 家福祉事务所、53 546 件案件进行了监察。全国福祉事务所几乎都被监察覆盖了，抽查的案件占总体的 4.37%（见表 6-1）。对各都道府县提出的问题，所占比例最多的是如何完善福祉事务所的实施体制，而福祉事务所的问题则多集中在手续及是否对受助家庭进行家计调查为主（见表 6-2）。

表 6-1　　监察实施数量及比例（2009 年）

		都道府县・指定都市	福祉事务所	案件数/占比（%）
监察对象（A）		65 县市	1 240 家	1 274 231 户
监察数量	厚生劳动省	65 县市	55 家	2 190 件/0. 17%
	县・市		1 184 家	53 546 件/4. 2%
	合计（B）	65 县市	1 239 家	55 736 件/4. 37%
监察率（B/A）		100. 0%	99. 9%	

资料来源：厚生劳动省社会援助局主管负责人会议资料（2011 年 3 月 3 日）。

表 6-2　　厚生劳动省监察发现的问题（2009 年）

	监察的问题	数量	比例
都道府县 指定都市	・辖区内福祉事务所实施体制有待完善	60 处	92. 3%
	・给黑社会成员提供了救助	32 处	49. 2%
	・救助方针及救助计划贯彻有问题	23 处	35. 3%
	・救助开始、终止程序上有问题	21 处	32. 3%
	・缴税核查有问题	12 处	18. 5%

续表

	监察的问题	数量	比例
福祉事务所	促进救助工作的准确实施情况		
	·在认定救助开始、终止程序上有问题	51 家	92.7%
	·未彻底调查是否有扶养能力	50 家	90.9%
	·访问调查有待加强	46 家	83.6%
	·病情掌握及就业指导不足	41 家	74.5%
	·援助方案不当	30 家	54.5%
	·优先使用其他法律政策不足	29 家	52.7%
	·缴税情况调查的不深入	27 家	49.1%
	·第 63 条及第 78 条法律落实不精准	24 家	43.6%
	运营管理的组织工作		
	·救助监查视察及组织工作有问题	46 家	83.6%
	·实施体系不完善	39 家	70.9%

注：都道府县、指定都市比例的分母为 65，福祉事务所比例的分母为 55。

资料来源：厚生劳动省社会援助局主管负责人会议资料（2011 年 3 月 3 日）。

三、辅助管理

对社会救助的监督，除了厚生劳动省的监察处，还有总务省的行政评估及监督、地方自治法第 199 条规定的自治体监察委员的监察、地方自治体法第 242 条规定的有关国民监察申请的监察。而且，一部分都道府县和市町村还设有行政监察专员（Ombudsman）制度，通过公众的监督来改善行政服务，其中也包括了如何对社会救助实施进行监督。

监察的目的是减少制度实施上的失误，是外在的强制措施，而制度实施内在性地减少失误还要靠第一线的救助经办人员。2018 年，厚生劳动省获得 5 亿日元的预算，新设了“由都道府县等主持的社会救助业务援助项目”，对福祉事务所及个案工作者进行巡回指导、业务培训，以提高经办人员的业务素质。

第二节　社会救助的实施体系

一、救助的实施机构——福祉事务所

1951 年 3 月，与福祉三法《生活保护法》《儿童福祉法》（1947 年）《残疾人福祉法》（1949 年）的综合实施相关的《社会福祉事业法》颁布，同年 10 月福祉事务所正式起步。根据规定，都道府县及市必须设置福祉事务所，町村是可选择性设置，所以，很多町村没有设置福祉事务所，就直接由都道府县在郡部设置管理范围较广泛的福祉事务所。

按照《社会福祉法》第 14 条规定，福祉事务所是专门从事与福祉事务相关的管理部门，按照福祉六法①规定，是进行援助、培养及更生保护机构等的日常管理的第一线社会福祉行政事务性机构，在都道府县市一级强制设置，町村可选择设置。

1993 年 4 月，在老年人和残疾人的福祉领域，以及 2003 年 4 月在智障者福祉领域，将各类安置机构入住的事务性工作，由都道府县政府一级转交给町村一级，都道府县的福祉事务所就由管理六个福祉法的工作减少到仅管理福祉的三个（《生活保护法》《儿童福祉法》《母子及寡妇福祉法》）法律的行政管理事务性工作。

在实际生活中，“福祉事务所”这个称呼并不被普通国民所熟知，原因在于福祉事务所是法律中的正式用语，但具体的名称一般由地方自治体自己决定。所以，平时看到的社会福祉事务所、福祉中心、福祉保健中心等字样的工作机构，实质上都是在行使着福祉事务所的职能工作。

日本厚生劳动省网站 2021 年 4 月发布的数据显示：日本全国共设置福祉事

① 福祉六法包含：《生活保护法》《儿童福祉法》《母子及寡妇福祉法》《老年人福祉法》《残疾人福祉法》《智障者福祉法》。

务所 1 250 个，其中都道府县有 205 个，指定都市有 999 个，町村级有 46 个。[①]总的趋向是都道府县的设置数量减少，而市町村的设置数量增加。2000 年，是继明治、昭和大合并之后，被称为“平成[②]大合并”的市町村合并得以大规模展开，町村数量减少导致都道府县的福祉事务所数量减少，而市政府本级的增加却导致市町村福祉事务所的增加（见图 6-3）。

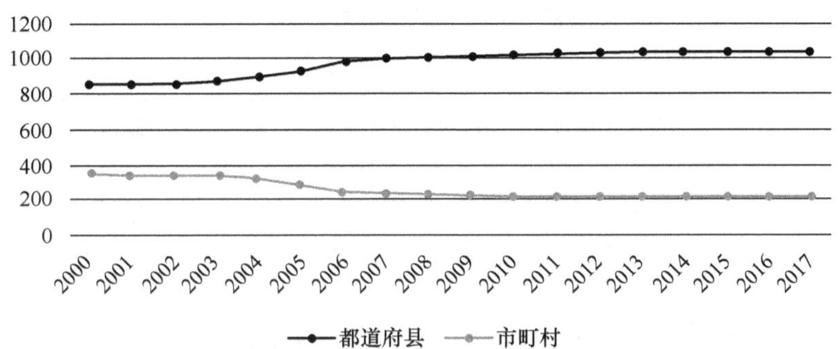

图 6-3　福祉事务所机构总数

资料来源：2000—2016 年来源于日本国立社会保障・人口研究所网站 http：//www. ipss. go. jp/；2017 年来源于厚生劳働省网站 https：//www. mhlw. go. jp/.

二、福祉事务所的组织管理体系和工作人员

（一）岗位配置

福祉事务所按照《社会福祉法》第 15 条规定，人员是按照从事老年福祉业务的社会福祉主任、残疾人福祉司（负责人）、智障者福祉司（负责人）进行配置的。福祉事务所的工作人员分所长、指导监督员、个案工作者以及事务员等四种岗位。福祉事务所的所长受都道府县或市町村长的指导监督，负责事务所管理工作。指导监督员一般被称为“监察指导员”或高级监督员（Super Aisor，SV），接受所长的指导监督，对经办人员进行管理指导，事务所的所长也可以兼任指导

① 此数据为日本厚生劳动省网站发布的 2020 年 4 月 1 日的数据，查阅的的时间为 2020 年 12 月 20 日。网址：https：//www. mhlw. go. jp/stf/seisakunitsuite/bunya/hukushi _ kaigo/seikatsuhogo/fukusijimusyo/index. html.

② 日本年号平成，指 1989—2019 年。

监督员。经办人员中的个案工作者是福祉事务所工作运作的核心岗位，他们在所长的指挥监督下，对需要救助的家庭进行家庭访问，与有福祉及救助需要的人进行沟通，调查其家庭财产及家庭生活环境等，以此来判断是否有提供援助或救助的必要。经办人员中的事务员是处理事务所日常事务性工作的具体工作人员。具体工作岗位的配置见表 6-3。

表 6-3　　福祉事务所的岗位配置及职责

职员岗位	岗位职责
1. 福祉事务所所长	接受都道府知事、市町村负责人（特别区的区长）的监督，管理事务所全面工作
2. 指导监督员（社会福祉主管）	接受所长的指导监督，对个案工作者进行指导监督管理
3. 个案工作者（社会福祉主管）	接受所长和指导监督员的指导监督，对需要援助、培养及更生保护机构救助的人员进行家庭访问，如不进行家庭访问，则需要与上述人员进行当面沟通，调查其本人的财产和家庭生活环境等，判断对其是否提供救助及实施救助的类型，并对要救助者本人进行生活指导等工作
4. 事务员	接受所长的指导监督，从事事务所日常管理工作

资料来源：日本原生劳动省网站。

（二）经办人员的法定配置标准

既然福祉事务所具体操作社会救助事务性工作，那么，作为在第一线的管理工作者其人员配备情况直接影响着工作的质量。因此，《社会福祉事业法》第 16 条还对福祉事务所个案工作者的配备作了明确的规定，即在都道府县的福祉事务所里，每 65 个受助家庭配备 1 名个案工作者；在市町村福祉事务所里，每 80 个受助家庭配备 1 名个案工作者。作为法定人员配备的数量尽管是必须遵守的，但在《地方分权法》的颁布后这个配比就变成了“标准基数”，因此，实际工作中，个案工作者负责的受助家庭往往都要超过这个标准，一个个案工作者负责着 100 个受助家庭的情况也是很常见的。

福祉事务所所长的配置数量是根据各地区的实际情况来确定的，个案工作者数量由各事务所管理的受助家庭户数按照表 6-4 的法定人数来配置。

表 6-4　　福祉事务所的法定人数

设置主体的区分	经办人员配置标准	追加配置标准
都道府县	受助家庭在 390 户以下的，6 人	每增加 65 户，追加 1 人
指定都市（特别区）	受助家庭在 240 户以下的，3 人	每增加 80 户，追加 1 人
町村	受助家庭在 160 户以下的，2 人	每增加 80 户，追加 1 人

资料来源同上。

指导监督员及个案工作者的职员配置数量除了要依据其工作任务量，还要结合能够顺利地完成福祉事务所承担的其他工作任务量来最终决定，例如，其他的社会福祉及保健医疗等业务工作。与民生委员、儿童委员相关的业务管理工作，以及儿童抚养津贴等业务管理工作的任务。

（三）经办人员资格

指导监督员和个案工作者也是“社会福祉主管”。1946 年（旧）《生活保护法》实施时，很多民生委员是第一线工作者。但由于民生委员没有严格规定必须具备的资质限制，在具体的工作过程中，民生委员在判断救助额度时往往带有一定的随意性。所以，在 1950 年（新）《生活保护法》实施开始，就要求执法的工作人员要具备一定的资格，并且为明确国家责任，这些人都应该是公务人员编制。当时日本还制定了有关设置“社会福祉主管”的法律规定，赋予“社会福祉主管”以法律的地位。之后，拥有专业知识且领取工资的公务员，即社会福祉主管替代了民生委员开始执行社会救助的相关业务工作。

现行《社会福祉事业法》第 19 条规定，社会福祉主管作为都道府县或市町村长的辅助机构的职员，要任用那些年龄在 20 岁以上、素质高、思想成熟、拥有促进社会福祉事业的积极性并符合以下条件者（见图 6-4）。

社会福祉主管任职条件是：在大学等学习了有关社会福祉科目并取得毕业证者，在都道府县知事指定的定点培训机构专门学习并修完规定课程者，拥有社会福祉士、精神保健福祉士等资格的人。其中对在大学修完课程者的规定较松，只要在厚生劳动省规定的全 34 科有关科目中修完 3 门即可，所以，有时被揶揄为“三科目主管”。上述规定是福祉事务所起步时就明确规定，考虑到当时大学升学率还很低，从社会福祉专业毕业的大学生也很少出现不符合任职条

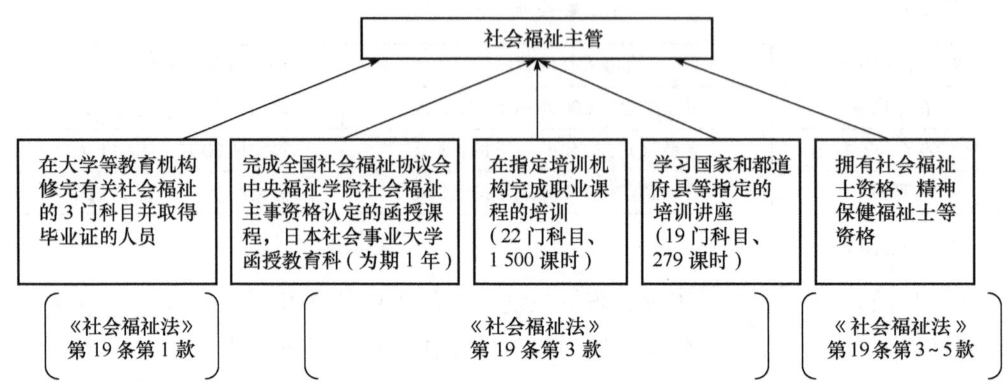

图6-4　成为社会福祉主管的五种途经

资料来源：厚生劳働省网站：https：//www.mhlw.go.jp/.

件。总之，社会福祉主管是与福祉相关的资格中是历史最悠久的资格之一，要成为社会福祉主管，现在有五种途径（详见图6-4），但要注意的是，社会福祉主管并不是国家资格，而是作为福祉事务所工作人员的任职资格。

三、福祉事务所工作存在的问题

福祉事务所是承担社会救助运营管理的事务性机构，担负着支撑最后安全网的重要职责，但从实际情况看，还存在着很多问题。以下列举从事具体事务性工作的核心人员，即个案工作者的工作情况。

（一）工作人员配置不足

通过日本厚生劳动省公布的2016年福祉事务所人员体制调查资料（前一次为2009年）可见工作人员的在岗现状。表6-5列出了最近两次调查的人员配置状况。2016年的情况比2009年有好转，但总的来说都道府县设置的郡，其福祉事务所人员配置充足，而城市福祉事务所的个案工作者大约有10%的人员配置不足。没有充足的人员，就保证不了业务的正常运行，还会带来漏保等不良后果。

表 6-5　　经办人员配置状况

	郡			市			合计		
	配置标准数（人）	实际配置人数（人）	人员充足率（%）	配置基准数（人）	实际配置人数（人）	人员充足率（%）	配置标准数（人）	实际配置人数（人）	人员充足率（%）
2009 年	1 237	1 246	100.7	14 323	12 635	88.2	15 560	13 881	89.2
2016 年	1 307	1 353	103.5	18 808	16 830	89.5	20 115	18 183	90.4

资料来源：根据厚生劳动省网站发布的数据编制，https：//www.mhlw.go.jp/.

（二）工作人员持证率低

救助工作质量不仅与工作人员数量有关，还与工作人员业务素质有关。表 6-6 列出了工作人员的资格持有状况，2016 年的持有率要高于 2009 年。社会福祉士及精神保健福祉士是国家认可的资格，持有率较低，2016 年工作人员中只有 15.9%，在指导监督员中占比更低，只有 10.4%，此外，法定任用资格的社会福祉主管也没有达到百分之百。2016 年，工作人员中只有 82%持有社会福祉主管资格证，指导监督员也只有 82.7%的持证率。也就说有将近 20%的人没有达到法定任用的资格条件。7%的上级指导员的 SV，约 2%的个案工作者，几乎没有接受过任何有关社会福祉的教育。这说明，福祉事务所的工作人员的专业性急需提高，特别是救助工作逐渐转移到以援助为中心工作的情况下，对一线经办人员就提出了更高的要求。

表 6-6　　工作人员的资格持有情况　　单位：人，%

	指导监督员（SV）			个案工作者		
	社会福祉主管	社会福祉士	精神保健福祉士	社会福祉主管	社会福祉士	精神保健福祉士
2009 年	1 937（74.6）	80（3.1）	7（0.3）	10 299（74.2）	641（4.6）	66（0.5）
2016 年	2 580（82.7）	270（8.7）	52（1.7）	14 914（82.0）	2 458（13.5）	440（2.4）

资料来源：根据厚生劳动省网站发布的数据编制，https：//www.mhlw.go.jp/.

（三）工作时间短且经验不足

2016 年，经办人员中，1 年以上 3 年以下的人占 38%为最多，其次是 1 年以下占23.6%，也就是说从事社会救助工作的一线经办人员中，有60%左右的人员工作经验都在3年以下（见图6-5），并且指导监督员也存在同样问题。

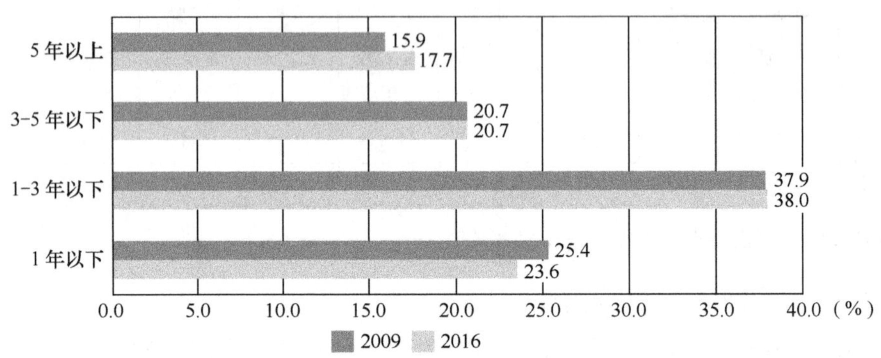

图6-5　经办人员的工作年数

资料来源：根据厚生劳働省网站数据所绘制。

导致经办人员存在以上问题的原因有以下几点。

第一，从2000年开始实施行政改革，大幅削减公务员队伍规模。地方公务员总数从1994年的328万人下降到2017年的274万人，减少了54万人。相反这一时期又是受助人口数量增长的时期，业务上需要增加人手，但在公务员队伍规模整体削减的大环境下，增加经办人员的定员数是非常困难的。

第二，很多自治体招收进事务员后，将这些事务员也配置到福祉事务所，拉低了整体救助工作的专业化水平。

第三，社会救助工作繁重，担任经办工作的人员，多是刚毕业就被分配到福祉事务所工作的大学生，没有社会经验就要面对贫困者的生活问题，也很难提供精准的救助指导意见。①

因此，要提升社会救助管理的工作水平，首先要依靠财政支持增加工作人员数量，减少工作人员繁重的任务；其次要提高工作人员的专业化水平，包括制定保障专业性强的人员招聘制度；最后要加强与其他机构的密切合作，实现救助责任主体多元化，多方援助以确保社会救助效果的真正实现。

① 岩永理恵，卯月由佳，木下武徳．生活保護と貧困対策—その可能性と未来を拓く［M］．東京：有斐閣，2018：65.

第三节　社会救助经费的来源与支出

一、各级政府救助经费的分担方式

《生活保护法》明确规定了救助的实施主体是国家，因此，救助经费也是国家财政负担大部分。原本国家负担 80%，但在第二次临时调整中，即从 1985—1988 年为缩减财政开支，国家财政负担的社会救助经费被下调到 70%，1989 年又上调到 75%。因此，现在原则上是国家财政负担 3/4，地方财政负担 1/4。更确切地说是分两种情况：一是对设置市级福祉事务所的町村居民的救助资金，国家财政负担 3/4，市町村及地方财政负担 1/4；二是对没设置福祉事务所的町村居民的救助资金（町村的福祉事务所是可选择性设置），国家财政负担 3/4，都道府县财政负担 1/4。

从日本的社会救助资金的规模看，按实际给付金额，2000 年到 2019 年，救助费用从 19 393 亿日元上升到了 386 611 亿日元，2019 年的预算额更是达到 38 011 亿日元，其中一半的资金是用于医疗救助的支出，这 20 年间大约增加了近 20 000 亿日元。从 2017 年的救助按多寡来看，依次为医疗救助、生活救助、住房救助、护理救助和其他救助。其中，医疗救助费从 2000 年起就一直占据首位，近年因对医疗救助有所控制，支出比例有所下降，但仍有近 50%的经费用在医疗救助上。而保障基本吃穿的生活救助费只占约 30%（见图 6-6）。其原因在于受助人口多是老年人，2017 年 65 岁以上的老年人占受助者的 47. 4%，老年人家庭占受助家庭的 54%。可以说，现在日本的社会救助也反映出老龄社会的特点。

此外，虽然从金额上看每年的救助经费在增长，受老龄社会影响使得社会保障给付费用也在快速增长，因此，救助经费在社会保障给付费中占的比例，仅从 2000 年的 2. 5%上升到 2017 年的 3. 2%。最近，日本政府对社会救助标准开始重新核定，并采取了一些措施削减社会救助经费，但实际上救助经费在社会保障给付费中占比下降的幅度并不大，也并未减轻国家财政的负担，反而却有了影响社会救助发挥兜底保障作用之嫌。

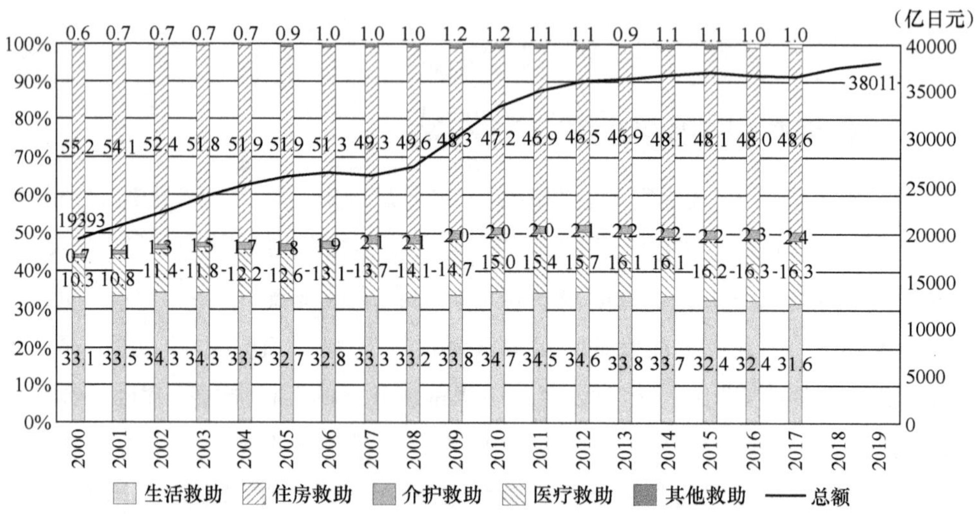

注：2018 年是修正后的预算金额，2019 年是最初预算额。

图 6-6　社会救助实际给付金额及各救助的比例（单位：亿日元、%）

资料来源：2000—2009 年数据来源于第一次社会保障审议会社会救助基准部会资料（2011 年 4 月 19 日），2010—2019 年的数据来源于第三十八次有关社会救助基准新验证方法开发的研讨会资料（2021 年 4 月 27 日）。

二、地方交付税

社会救助经费有 1/4 是由都道府县和市町村财政负担的，但不断增加的社会救助资金往往会给地方政府带来财政困难。其实，都道府县和市町村负担的费用，大都通过地方交付税的形式由国家分配给地方。都道府县和市町村的财政收入来源主要靠地方税、国库支出金（国家补助金等）和地方交付税。其中地方交付税原本是地方的税收，但由于各地财政收入有差距，为了调整各地财政的不均衡问题，让各地保持一定的财政收入水平，先由国家代地方收税，然后根据一定标准再分配给各地方自治体。

当然，对有充足财政收入的地方政府，国家是不分配地方交付税的，比如东京都政府。这样的财源润泽的地方政府是要自己全额负担 1/4 救助经费的。日本总务省发布的数据显示：2019 年，财政资金丰厚的地方政府在都道府县层面只有东京都 1 个地区，在市町村层面有 85 个，总共 86 个，比 2018 年多了 8 个。不配置地方交付税的地方自治体最多为 1989 年达到 193 个，随后一直减少，到 2007 年再回升到 142 个，之后直线下降，在 2010 年创历史最低至 42 个，2011 年又开始回升。无地方交付税的，除东京都外，主要分布在首都圈地区、爱知县及一些汽车工厂、核电站等所在地。

分配地方交付税的标准被称为“标准财政需要额”，计算公式为：

标准财政需要额=单位费用（法定）×测定费用（国势调查人口数）×调剂系数

简单地说，标准财政需要额是利用自治体的各种指标，例如，人口数、户数、面积、儿童人数、道路港湾、公园面积、农户等指标，计算出消防费、土木工程费、教育费、福祉费、产业经济费用、事务杂费等的标准金额。另外，实际分配额还要看各地方的财政收入额，主要按标准税率计算应有的地方税收再加上一些国家补助金，被称为“标准财政收入额”。当标准财政需要额大于标准财政收入额时，两者之差就是地方交付税。

社会救助经费，包括直接的救助经费和福祉事务所的运营费，也会被计算在标准财政需要额度之内。直接救助经费，不仅看人口指标，还要看前年和大前年的受助人数、累计受助人数、地区等级、是否属寒冷地区等各种调剂指标。由于计算非常复杂，所以，虽然规定都道府县和市町村负担经费的 1/4，但这只是被标准化了的数据，实际上各地方的负担与 1/4 比是有出入的。

财政问题不能仅看原则，也要借鉴一些数据来考察。首先是法定的单位费用①。图 6-7 显示了都道府县 2000—2019 年的单位费用变化情况，在 2008 年后上升较快，2015 年后基本持平。社会救助费与合计费用（救助费、自立援助费、福祉事务所运行费等）呈同样的走势，但福祉事务所费用却在 2003 年跌破 2 000 亿日元后，一直处于低迷状态，近年在 1 500 亿日元上下徘徊。而在 2013 年新成立的生活困窘者自立援助制度的费用却在明显上升。特别是 2018 与 2019 年相比较

① 这里的法定单位费用是指标准财政需要额计算公式中所使用的法定单位费用。标准财政需要额=单位费用（法定）×测定费用（国势调查人口数）×调剂系数。法定单位费用是指公式中的单位费用。

时，虽说合计的总额度基本不变，但内容却是社会救助费的减少，而自立援助费的增加。

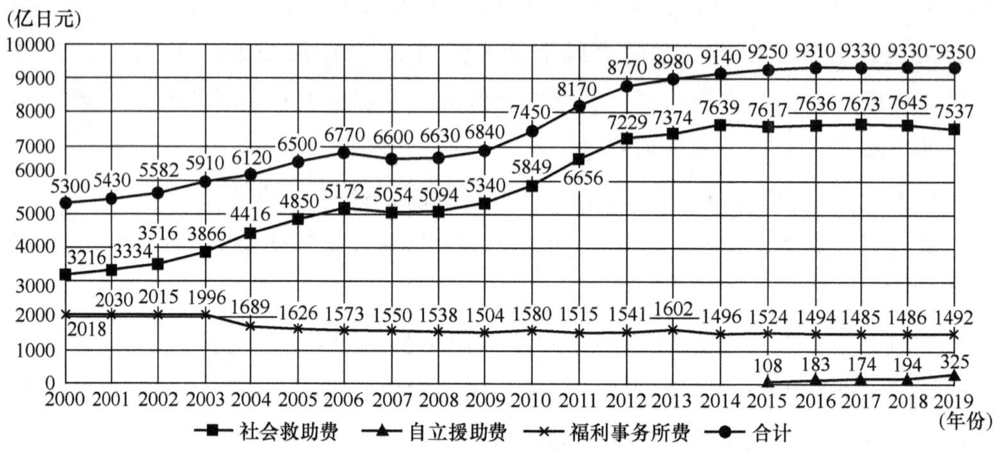

图 6-7　都道府县单位费用的变化情况

资料来源：根据地方交付税制度研究会编《地方交付税制度解说（单位费用篇）》各年度版绘制。

从日本全国救助人数最多、地方自治体最多的大阪市的财政负担情况①看，2014 年大阪市的社会救助经费决算情况如下：当年支出额为 3 062 亿日元，包括救助费 2 016 亿日元，人工费 115 亿日元和其他事务费 31 亿日元；当年收入额为 2 221 亿日元，包括国库支出金 2 170 亿日元和其他收入 51 亿日元。两者之差为 841 亿日元。但 2014 年国家根据标准计算，分配给大阪市 791 亿日元，包括救助费 663 亿日元，人工费 124 亿日元和其他事务费 4 亿日元。结果大阪市只需负担 841 亿日元与 791 亿日元之间的差额 50 亿日元。也就是说，2014 年大阪市的社会救助经费 3 062 亿日元中，只有 50 亿日元是大阪市地方财政负担，只占总救助经费的 1.6%。

其实，日本各自治体的负担情况也各自不同。地方交付金计算中包括社会救助经费，但也包括地方经济建设等费用。地方交付金被称为“不带颜色的”分

① 原昌平．貧困と生活保護（43）生活保護費は自治体財政を圧迫しているか？［N］．読売新聞，2016-11-04.

配金，即对分配到手的交付金，地方政府可以根据实际需要灵活运用。那些自己地方税收不太理想的自治体就会想到通过减少救助经费，来增加其他产业发展的经费，但社会救助经费不只是财政支出，它还是受助者的生活费用，也就说，是会通过消费支持地方经济发展的。

三、国家与地方的社会救助经费负担“攻防战”

社会救助经费到底应由国家还是地方来负担、比例又该如何确定，长期以来一直都有争论。最近的争议可以 2001 年上台执政的小泉内阁削减社会保障费用为起点。小泉内阁宣布对财政进行结构改革，社会保障费用每年要削减 2 200 亿日元。年金、医疗、护理都要减少支出，社会救助也不例外。2004 年，老年人增额被废止，削减目标为 167 亿日元；2007 年，母子家庭的增额又被废止，削减目标为 420 亿日元。①

从 2003 年到 2005 年，小泉内阁推行以地方分权为目的的改革，改革内容为减少国库救助金，重审交付金和把国家的税收来源一部分转给地方的“三位一体改革”，但这个名为以地方分权为目的的改革，可以说实质上自始至终都是围绕着削减 4 亿日元国库救助金这一目的而展开的。作为“三位一体改革”的一环，厚生劳动省提出要减少社会救助的国家负担部分，从而引起都道府县和市町村的不满及抵制。在 2003—2005 年，国家和地方就各自负担的社会救助经费份额打起了“攻防战”。

在 2004 年财政预算编制阶段，厚生劳动省就被分配要削减 2 500 亿日元。为了达到这一目标，厚生劳动省提出要把社会救助的国家负担部分从 3/4 下调到 2/3，这样就可减少 1 900 亿日元的支出。当然都道府县和市町村强烈反对，最后没有成功。2004 年，厚生劳动省又提出，生活救助和医疗救助由国家负担一半，都道府县负担 1/4，设立福祉事务所的自治体负担 1/4，住房救助使用地方交付金，都道府县和市町村又强烈反对，结果削减方案最终也没成功，取而代之的是义务教育费被削减了。由于国家与地方的意见对立，于是双方开始在协调会议上进行磋商。

① 秋葉大輔．社会保障予算一歳出削減と制度構築の在り方［J］．立法と調査，2007（264）：49.

厚生劳动省的主张有四点①：

第一，社会救助给付费，不应全国千篇一律，要反映各地的实际情况。

第二，要充分利用社会救助以外的措施来帮助受助者生活自立，这才是社会救助的重点。

第三，掌握受助者的实际情况及帮助其实现生活自立，需要都道府县和市町村下功夫、动脑筋，利用好各地的社会资源网络。

第四，受助率的地区差距有很大一部分是由于地方的产业振兴政策，因此，地方政府有责任负担救助费用。

相对厚生劳动省的主张，都道府县和市町村的主张也可整理为四点②：

第一，社会救助是国家保障国民的最低生活，其生活水准不应以地方不同而产生实质上的差别。

第二，社会救助是货币给付，其标准都是国家制定，地方根本没有调整的权限，国家负担比例的下调是硬把责任推给地方。

第三，虽然说要地方自己下功夫、动脑筋创新，但国家负担部分的下调并没有改善地方政策的自由度。

第四，受助率受到社会、经济等多方面因素影响，各地受助率有差距，并不是因为都道府县和市町村没有努力，而是各地的失业率和历史原因等结构性因素造成的。

国家和地方政府负担比例的争论，变成了一场社会救助应由谁负责的讨论。到 2005 年 11 月 30 日，这场“攻防战”以双方政治性的握手言和而告一段落。都道府县和市町村答应采取措施减少社会救助经费支出，而国家也表示负担比例下调可暂不考虑。也就是说，社会救助的责任最终由国家财政来负担。但从 2005 年开始，儿童抚养津贴和儿童津贴的国家负担比例也减少了，此后，厚生劳动省每年都会通过调整救助标准，加强管理等手段来削减社会救助的经费开支。今后的焦点将转变为国家到底如何来负责社会救助经费问题。

---

① 岩永理恵，卯月由佳，木下武徳. 生活保護と貧困対策—その可能性と未来を拓く［M］. 東京：有斐閣，2018：81-82.

② 厚生労働省「生活保護費及び児童扶養手当に関する関係者協議会」第 1 回（2005 年 4 月 20 日）、第 6 回（2005 年 11 月 4 日）資料。

第七章　医疗救助的实施[①]

日本通过医疗救助解决的是医疗保险制度无法解决的最后兜底的极少数贫困人口的医疗风险问题，医疗救助制度的法律依据是《生活保护法》。关于医疗救助的具体内容主要由每年度发布一次的《生活保护指南》[②]（日语为《生活保護手帳》《生活保護手帳別冊問題集》，相当于社会救助白皮书）作详细解读，并作为医疗救助制度的行政执法依据。

医疗救助对象[③]主要是针对由于贫困无法维持最低生活水平的困难人群，即正处于生活困难状态下的人群，提供其医疗就诊方面的救助。医疗救助[④]包括以下内容：

（1）诊疗检查；

（2）药品或治疗材料；

（3）医疗处置、手术和其他的理疗手术；

（4）居家的疗养管理及其与疗养相关的照顾和其他的护理；

（5）有关在医院或诊所的住院及其与治疗相关的照顾和其他的护理；

---

① 本章内容为辽宁省社科基金“辽宁省医疗保险和照护保险的基金整合问题研究”（项目号L17CSH006）的部分研究成果。

② 本文主要翻译阐述2018版《生活保護手帳》关于医疗救助的具体实施细则。莊村明彦．生活保護手帳［M］．東京：中央法规出版株式会社，2018.

③ 受助者由于没有国民健康保险所以一般医疗费用全额都由医疗救助制度负担。另外，正在享受障碍者综合援助法的公费医疗的受助者，其他医疗保险的加入者，或是被扶养家族的受保护者，在其他制度下依然需要自己负担医疗费用的部分也可享受医疗救助；厚生劳働省．社会保障審議会生活困窮者自立援助及び生活保護部会（第13回）医療扶助におけるオンライン資格確認について．（2020-12-17）［2021-01-08］．https：//www. mhlw. go. jp/content/12002000/000705795. pdf.

④《生活保护法》（昭和25年法律第144号）第15条；《国民健康保险法》（昭和33年法律第192号）第36条。

（6）移送。

医疗救助的方法原则上是提供实物给付，但无法或者不适合提供实物给付时，根据救助实际情况也可以现金给付。医疗救助的实施机构是依据《生活保护法》指定的定点医疗机构，参照国民健康保险的实例，执行相应的诊疗方针和诊疗报酬制度。

第一节　医疗救助的管理

一、医疗救助的实施方针

作为日本社会救助体系之一的医疗救助，其制度实施的指导方针主要有以下几点。

一是各都道府县必须依据《生活保护法》的相关法条规定来合理地制定医疗救助的管理方针、实施流程及监督管理等；二是社会救助制度虽然是起到一个兜底的作用，但是因病致贫作为最主要的致贫原因，实施医疗救助制度之时，需要在整体把握社会救助方针的基础上，制定更加合理、公平、更有效率的医疗救助方针；三是医疗救助制度在实施之时，虽然原则上要综合评判对社会保险制度的利用情况，但作为社会保障制度最后一道“安全网”，必须确保对受助者兜底作用的发挥，所以，应明确医疗救助与其他社会保险险种的不同之处；四是为了确保医疗救助制度更好地执行，完善医疗救助制度的行政管理体系的同时，也要确保医疗救助的行政管理部门和实施部门之间的密切配合，让国民能够快速、有效、安心地获得医疗救助；五是实施医疗救助之时，除了确保福祉事务所与医疗救助申请者之间的良好关系之外，还应确保与相关医疗机构之间的良好沟通。如果福祉事务所和医疗机构之间的关系处理不当，很可能会影响医疗救助申请者不能更好地获得医疗救助，因此，福祉事务所必须加强与医疗救助申请者以及医疗服务机构之间的沟通，做好相关指导与合作；六是日本各地原则上都应严格执行医疗救助实施方针，但是各地可根据具体的实施情况及申请模式变化而因地制宜，创新工作方法，争取达到更好更有效的救助效果。

二、医疗救助的管理体系

为了更好更顺利地实施医疗救助，日本给出了下列模式作为标准，即如图 7-1 所示来设计管理主体和体制。

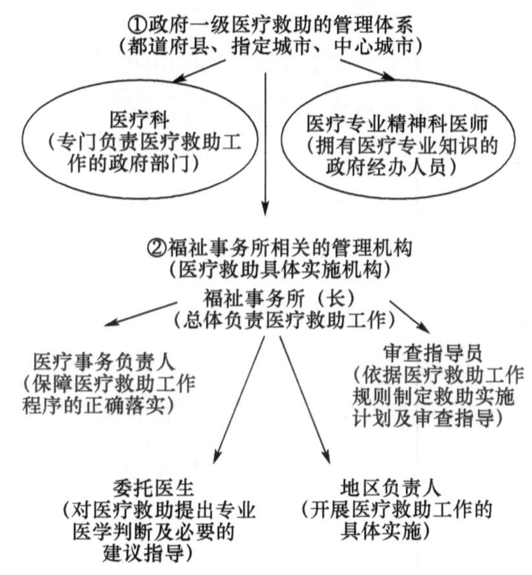

图 7-1 日本医疗救助管理体系

资料来源：莊村明彦．生活保護手帳［M］．中央法规出版株式会社，2018：444-449.

（一）都道府县和各市的主要管理机构

1. 医疗救助职能部门（医疗科）

在都道府县的政府一级（指定城市①及中心城市②为市政府一级）设立主管部门，该部门设置专门的医疗管理的职能部门（医疗科），负责医疗救助所有经

① 指定城市是指由日本“内阁”依据《宪法》第 73 条第 6 项制定的“政令”指定的城市。

② 中心城市日语为中核市，是指由日本《地方自治法》第 252 条之 22 第 1 款规定的，上述定点城市中，人口在 20 万以上的城市。

办工作，并设有该项工作的政府负责人。医疗管理机构配备满足资格要求的经办人员、精神科主治医生及其他人员，并做好与其他相关部门的沟通合作，以确保医疗救助的整个实施过程没有任何纰漏。

2. 医疗科经办人员

医疗科经办人员是指具有医疗专业知识的政府公务员。在都道府县一级主管部门最少配备一名以上的专业人员。他们除了负责相关的医疗救助业务以外，还要在社会救助实施过程中，就如何更好地实施医疗救助作出专业的医学判断。另外，在医疗救助科，还需要保持和社会救助其他相关部门人员之间的密切沟通合作，以确保医疗救助更好更有效地发挥作用。

3. 精神科医师

医疗科职员在工作过程中，还会从事精神疾病管理相关的业务，因此，要配备至少一名精神科主治医生。

4. 医疗救助审议会

医疗救助审议会的设立，其目的之一是确保政府部门在实施医疗救助过程中能够作出正确的专业的医学判断，以确保救助内容的合理性；另外一个目的是作为附属机构能够提供医疗救助的医学判断依据，及解答其他的相关问题等。

医疗救助审议会的工作内容和管理体制如下。

第一，审议内容。结核病患者是否能住院的判定，精神病患者是否能住院的判定，结核病与精神病以外的病种是否能住院的判定，是否需要上门护理的判定，居家患者增额等各种补贴是否需要的判定，关于医疗救助的实施提出合理性参考建议，以及应对其他事项的认定。

第二，审议会成员构成。医疗救助审议会的委员，需要从国立医院、国立疗养院（所）及定点民营医院、保健所长、都道府县民生部（局）的医疗科工作人员中选任。

第三，审议。医疗救助审议会针对审议内容，依据患者的病情、恢复状况等整个治疗过程跟踪调查研究，并根据医疗救助的基本原则作出合理的判定和解答。另外，审议会要提出审议过程和审议依据的相关书面材料。

第四，台账管理。在都道府县的本部需要制作和完成的项目台账有：定点医疗机构名称（分别按照福祉办公室或福祉事务所命名，综合医院、医科、齿科、上门看护服务站及药店等内容一一单列），医疗救助机构名单，定点手术机构名单及定点产妇医院名单等。此外，还有申请书、更改事项申请书、终止·废止申请书、再就诊申请书、处理申请书、辞退申请书的受理目录。

第五，手续文件。都道府县本部，需要按照规定的手续文件样式印刷和发放，包括医疗机构申请书、医疗机构更正书、医疗机构终止或废止书、医疗机构再就诊申请书、医疗机构等处理书、医疗机构辞退申请书等。

第六，医疗救助相关资料的公告。都道府知事需要公示以下内容：申请书的模板（救助变更申请书、医疗支付券（医疗券）、各个判定事项等），补助方针及费用等相关内容。

（二）福祉事务所

医疗救助和其他专项救助有所不同，具有需要判定病情状况、是否需要诊疗等特殊性，但也和其他社会救助一样，在保障国民生活的同时，还要促进其生活自立。医疗救助并不能脱离其他专项救助而独立存在，是与其他社会救助密不可分的，福祉事务机构必须遵循与其他社会救助机构的密切沟通与合作的关系。医疗救助职能部门的责任人要负责医疗救助所有的业务，因此，必须从具有社会救助专业知识的医生中聘请，以此建立能够保障医疗救助申请者的健康，同时，促进其生活自立的医疗救助体制。

为了更好地完成医疗救助的申请与审批，需要在医疗救助实施过程中，履行下述职责。

第一，医疗事务负责人的工作职责。医疗事务负责人要统筹全局，掌握整体业务以确保医疗救助能够顺利实施。

第二，审查指导员的工作职责。审查指导员是总体负责掌握医疗救助的状况，提出医疗救助的方案，与地区负责人、委托医生等保持沟通联络，从而推进医疗救助工作得以顺利实施的人员。

第三，委托医生的工作职责。委托医生配合检查指导员和地区负责人给出医疗救助申请相关的专业指导意见并作出判定。医疗救助以外的社会救助需要专业判断时委托医生也应给予配合。

第四，地区负责人的工作职责。地区负责人负责全程跟进要实施医疗救助者的申请、审批并保持与审查指导员、委托医生等的定期联络与沟通。

第五，医疗券交付手册的制作。福祉事务所需要制作办理登记及医疗券（住院、门诊、牙科、访问护理、老年人访问护理、药品制剂、手术及移送等医疗券材料格式均不同）。

第六，提供手续文件。在福祉事务所，常备的办理手续的文件用纸有：救助变更申请书（伤病证明书）、是否同意医治意见书及诊疗费、检查费的请求书、精神病患者是否住院意见书、救助变更申请书（伤病证明书）及上门看护是否同意意见书、救助变更申请书（伤病证明书）及是否同意访问护理意见书、救助变更申请书（伤病证明书）及是否同意待遇给付意见书（医用材料和移送、柔道正骨、按摩、推拿，针灸等）、社会救助中医疗救助的针灸就诊联络单、手术初期检查申请书、医疗券及药品券、访问护理费用申请书、治疗材料券及治疗材料费用申请明细、手术券及手术服务费申请明细、诊疗委托书、检诊医嘱、诊断书及检诊费申请书。

第七，特殊标准。实施救助的部门，在处理国民健康保险、健康保险、后期老年人医疗保险的诊疗等过程中一旦出现难以处理的问题，即医疗救助特殊标准设定信息的提供问题，就需要补充下列材料：提供特殊标准的理由、特殊标准的申请额度及证明该申请额度是最低标准的证明材料、相关专业医生的意见书及其他可供参考的资料。

第八，征求都道府县职能部门技术性谏言。福祉事务所所长针对医疗机构指定的事项或者医疗救助判定及实施过程中的异议，需要向都道府县知事汇报征求的技术性谏言及建议。

（三）町村

町村层面负责医疗救助的职能部门，负责以下救助内容：救助变更申请书（伤病证明书）及救助给付意见书的制作、调整及保存等，是否需要给付的意见书和诊疗委托书（住院除外），应急医疗救助的实施，以及其他医疗救助实施的相关事项。

三、医疗救助的实施方式

日本的医疗救助实施如图 7-2 所示。

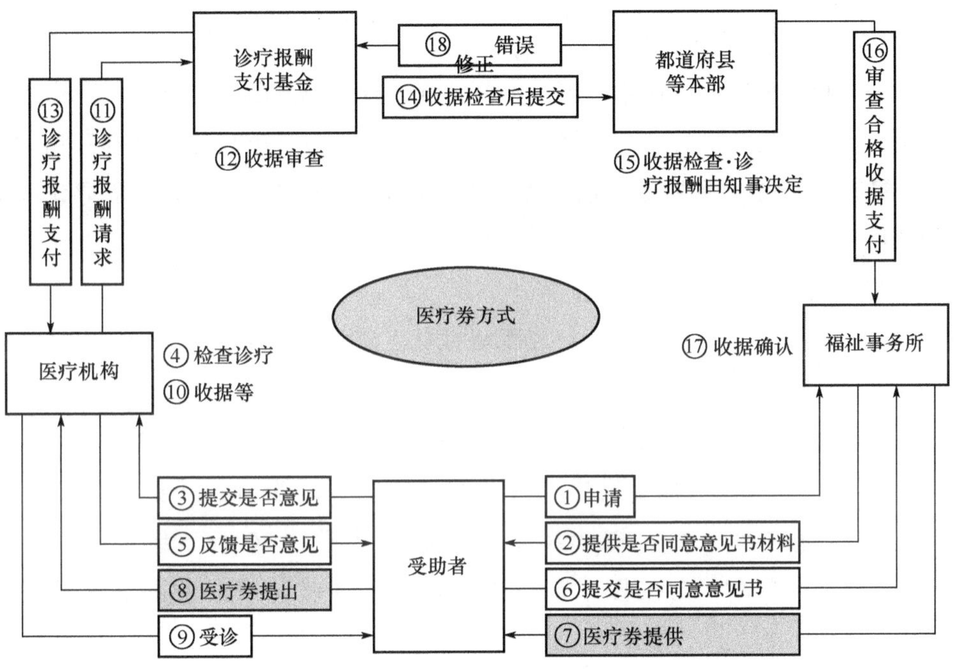

图 7-2　日本医疗救助实施流程图

资料来源：日本厚生劳働省 2020 年发布的《社会保障審議会生活困窮者自立援助及び生活保護部会（第 13 回）医療扶助におけるオンライン資格確認について》。①

（一）医疗救助的申请

1. 开始申请救助（住院、住院外）

根据法律规定，申请医疗救助时，除了填写必要的申请书之外，还应向福祉事务所提供申请理由书，包括伤病的位置、发病时间、病情，是否有社会保险或

① 原文载自厚生労働省发布的《2020 年 12 月 17 日 . 2020 年 . 社会保障審議会生活困窮者自立援助及び生活保護部会（第 13 回）医療扶助におけるオンライン資格確認について》（查阅时间：2021-01-08）。日本厚生劳动省网站：https：//www. mhlw. go. jp/content/12002000/000705795. pdf.

者是不是被扶养家庭成员，是否具有后期老年医疗保险证等。

2. 提交救助变更申请（住院、住院外）

正在享受其他社会救助的申请者，需要向福祉事务所所长提供救助变更申请书（伤病证明书）。

3. 发放救助意见书

申请医疗救助时，根据申请者的实际情况，福祉事务所或者町村的负责人需要根据定点医疗机构的要求和申请者的意愿，指导申请者填写是否需要医治的意见书、精神病患者是否需要住院的意见书及救助变更的申请书、是否需要访问护理的意见书等。

4. 审查和受理各种给付意见书①

福祉事务所所长或者町村负责人需要对申请者提交的各种给付意见书进行审查并办理受理业务。

5. 诊疗费和检查费的支付

福祉事务所所长根据受助申请者的实际情况，对没有给予医疗券的医疗机构支付相应的诊疗费（初诊和复诊）和检查费（2018 年约为 4 630 日元），但是要提前和指定的医疗机构做好沟通，并确认医疗救助支付的最高额度。

（二）医疗救助的核准

1. 注意事项

福祉事务所所长在核准时需要注意的事项有：（1）医疗救助的开始时间，原则上以提交申请书的次日起可以启动医疗救助程序；（2）注意是否有其他专项救助申请，如果有，则应确认各项救助的优先等级并指导申请人申请，确保其顺利得到救助；（3）存在异议时，需征求政府意见，关于是否住院、是否需要护理、是否需要精神治疗等有异议时，都道府县知事需要给予技术性指导建议；根据患者的具体病情及实际需要程度，居家医疗、居家护理或者特别治疗场所的利用，也可享受医疗救助。

① 日语原文为要否意见书，可理解为是否需要救助的意见书，参考图 7-2。

2. 确认医疗救助额度

首先，确认受助申请者其家庭总体收入的档次，按照收入档次确认其所应支付的额度；其次，用该额度减去所有医疗费用和保障全家最低生活水平所需要的费用；最后，剩下的为救助额度，一般都非常低。

3. 变更医疗救助

福祉事务所所长在受助者出现下列情况时要作出救助变更的决定：确认受助额度应该发生变化的，医疗定点医院应该变更的，受助者从住院治疗到医院外治疗的或从医院外治疗到住院治疗的，从护理老年保健机构到医院的，从医疗科到牙科或从牙科到医疗科的，负担程度变更的，诊疗中的访问护理、治疗材料、手术或移送的给付，未随着诊疗指令变更医疗救助的等等。以上情况均需要办理医疗救助变更手续。

4. 通知受助者

福祉事务所所长根据医疗救助相关手续办理的进展情况，会给救助申请人发送通知，通知其医疗救助的开始时间、变动事项、停止或者废止等事项。

5. 发放医疗券

医疗救助名义下的诊疗、药品制剂、医疗处理、理疗等费用都以医疗券的形式发放，医疗券按月发放，盖有福祉事务所印章方可生效。医疗券上需要明确写出支付金额，没有任何个人支付费用发生时需要画斜线。医疗券发放之后要提供给医疗机构并要在有效期内进行使用。医疗券可变更、终止、废除，还可以延长，具体手续都需要在福祉事务所的办理窗口进行。

6. 医疗救助延长

一是受助者如果想次月继续使用医疗券，管理部门根据申请者的病情可发放次月医疗券，可连续延长三个月，第四个月延长时需要重新审议，审议通过者可以继续延长三个月，此后的延长遵循同样的操作方式；二是福祉事务所所长根据受助者的病情恢复状况及经济条件的变化情况，通过访问调查等方式确认后可以随时终止医疗救助。

第二节　医疗救助的定点医疗机构

一、定点医疗机构的确定

（一）定点医疗机构的规范服务

按照《生活保护法》规定，申请医疗救助的定点医院，要符合《生活保护法》第 49 条第 2 款规定的内容，且能理解医疗救助的方针，愿意对医疗救助受助者提供医疗服务的医疗机构。该医疗机构能够对感染症状的预防提供医疗服务，被指定为医疗救助定点医院后，能够认真贯彻执行医疗救助的相关政策，并配合医疗救助工作做好医疗服务。

（二）定点医疗机构的相关手续

定点医院指定时需要遵从《生活保护法》第 49 条及第 37 条和第 38 条的规定。指定医疗机构确定之后，需要进行相关的指导，对《生活保护法》具体法条进行专业培训。一般指定的医疗机构有效期为 6 年，6 年一更新，更新时需要重新按照法律法规进行评定。

医疗救助的定点医院的有效期到期后可继续提交申请并办理相关手续，接受相关的审查以获得批准。不过，在定点医院或定点药局有效期满的前 6 个月到提交申请日的前 3 个月为止，没有提交申请的会默认为继续申请。

（三）承担双重职责的定点医疗机构

定点医疗机构具有提供医疗保险服务和医疗救助服务的双重职责。日本《健康保险法》要求指定的定点医院，要按照该法规定的医疗服务收费标准执行，医疗救助的定点医疗机构与医疗保险定点医院重合的情况下，则不需要再次认定。

二、定点医疗机构的医疗服务

（一）诊疗服务

定点医院需要依据医疗救助规定的定点医院规章及《生活保护法》第 52 条

的相关规定具体提供诊疗服务。

（二）药品药剂服务[①]

1. 药品券的发放

受助者根据病情需要申请医疗券的同时，还可以申请定点药局的药品券。定点药局受理药品券之后需要保存配药记录，并记载发行药品券的福祉事务所名称、药物名称、药剂价格、药物用量、使用期限等。

2. 新药的给付

对受助者说明之后，医疗救助的药品券可用于医生认可的新药给付。

（三）治疗材料的给付与费用请求

治疗材料的租借及维修等，需要填写给付意见书，详细记载所规定事项后提交给福祉事务所所长或者町村政府。福祉事务所与定点医疗机构沟通，根据病人需求发放治疗材料券。

（四）理疗的给付

申请理疗给付需要详细填写给付意见书（柔道、按摩、针灸），并与指定理疗机构及指定医疗机构备案，最后提交给福祉事务所或者町村政府部门。理疗的给付申请，原则上要求具有医生的同意书，但是脱臼、骨折之类的紧急救援不需要医生的同意书。

1. 发放意见书

根据受助申请者的需求需要在福祉事务所进行定点医疗机构的选择，并填写给付意见书。然后在定点医疗机构填写给付意见书，详细书写所要进行的针灸、按摩、推拿等具体事项，并严格按照记载的内容执行。

2. 发放或延长理疗券

根据上述给付意见书，福祉事务所所长对需要进行理疗的申请者发放理疗券，如果想次月延用理疗券，根据申请者的具体情况可发行次月理疗券。可连续延长三个月，但延长到第四个月时需要重新审议，审议通过者可以继续延长三个月，此后的延长遵循同样的操作方式。

---

① 本章所指药局是处方药药局。

3. 理疗支付原则及理疗费用

理疗支付原则上是实物供给方式，范围仅限于按摩、推拿、针灸。费用需要限定在都道府县知事与相关团体机构协商议价后的定价额度之内。

（五）移送的给付

1. 给付原则

关于移送的给付需要根据申请者每个人的具体情况具体分析，原则上采用最经济最合理的交通手段，需要注意的是，同一地区同样的病情不能产生差别待遇。

2. 给付范围

原则上要求申请者选择距离其居住地最近的医疗机构，但是由于医疗机构的医疗水平限制，或者患者治病的专业必要性，要综合衡量同一地区相似病情患者的治病现状，可以选择更加合适的医疗服务机构。

给付范围包括以下几种情况：乘坐公共交通等就医产生的必要交通费用；由于申请者病情制约，无法乘坐公共交通而产生的必要交通费用；由于医生的指定项目检查所产生的必要交通费用；医生上门就诊所产生的往返交通及燃油费；受灾现场到医疗服务机构紧急搬运过程中所产生的交通费用；偏远地区近郊医院无法满足患者需求、异地就医所产生的交通费用；根据医生的诊断需要紧急转院，而患者自身移送困难所产生的交通费用；需要器官移植的患者，在日本国内器官移送过程中所产生的交通费用。除以上情况外的特殊情况可在福祉事务所申请，根据审查的具体情况决定。

3. 交通费给付手续

交通费给付原则上要求事前申请和提供发票。由于紧急情况无法提前申请的可以办理特殊事后申请。费用支付时原则上需要进行相关的审查，受助者提交“同意给付意见书”后，福祉事务所参考主治医生的意见与定点医疗服务机构协调后，由福祉事务所进行必要的判断，最后确定在医疗服务机构就诊的天数、交通路径、交通工具等。

（六）紧急情况

受助者由于紧急情况无法及时发放各种给付券的，需要在福祉事务所说明当时的详细情况，尽快追加给付券；非受助患者由于病情紧急住院，或者进行住院外的治疗，监护人或者医疗服务机构在申请医疗救助时，需尽快进行医疗救助申请，通过审查判定的受助者，从申请联络日算起可以享受医疗救助。町村负责人鉴于受助者紧急状况，也可以直接采取应急措施提供必要的医疗救助，事后需要尽快上报给福祉事务所。

（七）医疗区分归类

福祉事务所所长，需要进行医疗区分归类，设置一般案例库和特殊案例库，医疗救助相关资料也需要编辑分类。

（八）非指定医院的诊疗报酬请求

由于紧急情况无法在指定医院就诊而产生的诊疗报酬，要提供相应的诊疗报酬明细和诊疗报酬请求书，向福祉事务所申请报销。

三、诊疗服务费用的审查与支付

（一）诊疗报酬的审查与支付

诊疗报酬审查部门是由社会保险诊疗报酬支付基金审查委员会，及社会保险诊疗报酬支付基金事务所，共同设置的特别审查委员会作为支付医疗救助基金的支付机构。

都道府县知事和町村负责人作为基金支付负责人签署意见，并负责全面审查及支付相关诊疗费事务。基金支付事务所的分部需要将诊疗报酬明细和访问护理明细等（统称明细书）上交给都道府县知事及町村负责人，并由其审查后提交到发放医疗券的福祉事务所。

（二）诊疗报酬的决定

都道府县的知事，进一步审核通过支付基金审查的明细书，从而决定诊疗报酬的额度。虽然，诊疗报酬额度已经通过了审查委员会的审查，但是都道府县的知事可以综合评定个人负担额度和医疗救助的关联度，如果对诊疗报酬有异议的，可以申请审查委员会再次审查。如果再次审查依然有异议的，都道府县知事和审查委员会需要共同商讨，最后确定诊疗报酬额度。

（三）审查和决定过程的注意事项

都道府县一级政府的行政长官需要出席基金支付干事会，把握该会议的状况，对必要事项提出要求；医疗职能部门人员需要把握基金支付审查状况、诊疗方针等，对必要事项提出要求；为了能更好更顺利地通过基金支付审查和知事决定，尽量让医疗职能部门人员和审查委员会委员参加基金支付的审查过程。《生活保护法》对诊疗报酬明细的审查作了明确规定，要求依据《社会保险诊疗报酬基金支付法》第 14 条的规定，诊疗负责人需要出席并积极配合审查，并确保与审查委员会的密切联系；诊疗报酬额度出现误差时，需要通知基金支付委员会，次月进行额度的调整，同时，需要上报给都道府县的知事。

（四）诊疗报酬以外的费用支付

医疗材料费、理疗费及访问护理等基本费用以外产生的费用，需要通过福祉事务所所长的审查，确定请求额度后给予支付。福祉事务所所长根据患者病情的紧迫性、转院的必要性进行综合审查，而且必要时需要都道府县知事进行专业评估，如果各项资料都通过审查，就可以给予支付诊疗报酬。

第三节　医疗服务机构的监管

一、定点医疗机构的指导

（一）指导的目的

为了充分发挥医疗救助作用，并提高受助者的自立性，需要对定点医疗机构进行法律制度的宣传、具体指导医疗救助事务的操作等。

（二）指导形式

指导有个别指导和一般指导两种形式。首先，厚生劳动大臣及都道府县的知事需要以面试的形式进行个别指导。其次，社会保险诊疗报酬基金支付、实施机构、定点医院等根据具体情况也需要进行个别指导。最后，都道府县的知事需要对全体工作人员进行法律专业培训，通过研讨会、书面考试等各种形式进行一般性指导。

（三）指导后的督查

个别指导后，针对依然存在业务不熟，或者无法判定医疗救助审查结果的定点医疗机构需要进行二次个别指导。

1. 监察

需要对个别指导的成果进行监察，如果个别指导之后，出现明显的诊疗报酬偏差，诊疗内容出现问题，需要进行再次监察。

2. 指导结果的通知

个别指导后，如果指定医疗机构有需要调整诊疗报酬、改善问题等事项，就要以公文的形式予以通知。

3. 报告书的提交

都道府县知事要以书面的形式通知该定点医疗机构的指导结果，并要求该定点医疗机构针对问题提出书面报告。

二、定点医疗机构的监察

（一）监察的目的

为了确保医疗救助能够合理公平地救助受助者，需要对定点医疗机构对受助者的诊疗内容及诊疗报酬的合理性进行监察。

（二）监察的形式

1. 监察对象的选定

监察主要由厚生劳动大臣及都道府县的知事分别进行或者共同进行。监察对象分为以下几种：有足够证据证明诊疗内容存在不当行为；有充分证据证明诊疗报酬存在不当行为；多次指导仍然没有改善诊疗内容和诊疗报酬；没有正当理由拒绝个别指导。

2. 监察的方法

由厚生劳动大臣或者都道府知事选定并通知需要监察的定点医疗机构。

监察实施的通知：通知书上需要明确说明监察的根据与目的、监察的时间和地点、监察人员构成、需要准备的书面材料。

监察内容及方法：监察受助者的诊疗内容及诊疗报酬是否合理、诊疗报酬明细、诊疗记录等。有必要的情况还可以请受助者协助监察。

监察注意事项：监察需要选定不影响正常诊疗的时间。根据需要联络相关关系团体以确保监察能够顺利完成。

（三）监察后的措施

1. 监察结果的通知及报告书的提交

监察结果在监察之后以通知书的形式告知，并根据监察结果对其需要改善的地方要求其提出书面报告。

2. 行政上的处罚

第一，取消或暂停指定。都道府县知事对具有以下行为的定点医疗机构，根据其情节严重程度取消其所有或部分资格：故意采取不正当诊疗内容；故意采取不正当诊疗报酬；由于重大过失导致不正当诊疗问题频繁发生；由于重大过失导致不正当诊疗报酬问题频繁发生。

第二，警告。都道府县知事对具有以下行为的定点医疗机构，根据其情节严重程度给予警告处分：由于重大过失导致不正当诊疗问题发生；由于重大过失导致不正当诊疗报酬发生；由于轻微过失导致不正当诊疗问题频繁发生；由于轻微过失导致不正当诊疗报酬频繁发生。

第三，注意提醒。都道府县知事对具有以下行为的定点医疗机构，根据其情节严重情况给予警告提醒：由于轻微过失导致不正当诊疗内容发生；由于轻微过失导致不正当诊疗报酬发生。

（四）申诉

根据《行政手续法》（1993 年法律，第 88 号）的相关规定，被判定部分取消或全部取消定点医疗机构资格的，要给予其申诉解释的权利。

（五）经济上的处罚

都道府县知事针对具有不正当诊疗报酬行为的定点医疗机构，需要尽快上报给基金支付部门，直接扣除并返还诊疗报酬，如果无法直接从定点医疗机构扣除的，可以要求定点医疗机构返还。

（六）上报厚生劳动大臣

都道府县知事决定取消或部分取消指定诊疗机构的资格时需要上报给厚生劳动大臣。

第四节　精神疾病医疗救助的管理

一、精神疾病受助申请的利用方法

（一）协助办理入住医疗机构

精神保健及精神障碍者需要依据《生活保护法》第 29 条的规定办理精神救助手续。福祉事务所所长对符合《生活保护法》第 29 条相关规定的申请者，协助其办理入住精神保健及精神障碍者的定点医疗机构。

（二）直接联系定点精神病医院

对确认或者怀疑具有精神疾患的受助者，如果不办理住院有可能伤害自己或者伤及他人者，可以直接联系定点精神病医院，事后联络保健所所长，上报给都道府县的知事。

（三）享受医疗救助

都道府县知事经过审查确认申请者符合相关法律规定条件后，通知福祉事务所所长，受理后可享受医疗救助。

二、精神疾病受助者相关的医疗救助手续

（一）患有精神疾病的受助者往返医院治疗的申请

患有精神疾病的受助者，如果由于其他疾病需要院外就诊时，需要在福祉事务所所长的指导下进行相关申请。办理申请手续时，需要提交申请书、诊断书、纳税证明，经由町村负责人上交给都道府县知事。

（二）诊断书的发行费用

诊断书的发行费用为 3 000 日元（约合 200 人民币），可以通过福祉事务所的医疗救助金支付给指定精神病医疗机构。

（三）通知

申请后经由都道府县知事审查，经由町村负责人通知给福祉事务所所长。

三、患有精神疾病的受助者住院及出院的注意事项

（一）住院意见书

针对需要医疗救助的精神疾病患者，定点医疗机构需要提交制定的精神疾病患者的住院意见书给福祉事务所所长。

（二）审批

福祉事务所所长受理定点医疗机构的精神疾病患者住院意见书后，如果对此有异议，需要上报给都道府县知事征求意见，最后确认是否核准该项医疗救助申请。

（三）时限

福祉事务所所长可以批准六个月以内的延长手续，超出六个月需要办理延长手续时，要上报给都道府县知事。

综上所述，日本医疗救助体现如下特点。第一，法律制度的规范化。医疗救助的管理体制及运营方式都是在严格遵守《生活保护法》的法条基础上进行设计并制定的，这就确保了医疗救助的法律威严，避免实施过程出现渎职等现象。第二，管理职责的明晰化。日本医疗救助的实施过程对福祉事务所、都道府县、町村政府、指定医疗机构在各项医疗救助实施过程中的责任和职能划分细致明确，从医疗救助的提供到受助者人权的保障，都明确规定了如何能够让医疗救助制度得以顺利且有效地实施。第三，救助内容的人性化。日本医疗救助设计了对受助者细致入微的医疗救助内容，包括针灸、按摩，甚至包括交通费，也包括对各种异议问题的应对方法，都充分体现了日本医疗救助以人为本的特性。

此外，从日本医疗救助的实施状况①来看，日本的医疗救助还体现出以下几个特征。第一，老年受助人口占比高。② 2018 年的医疗救助金为 1.78 兆日元、受助者人数为 210 万人，其中 65 岁以上老年人为 103 万人，占比达 66%。第二，

---

① 日本厚生労働省．医療扶助に関する検討会資料 3［EB/OL］.（2020-07-15）［2021-01-08］. https：//www. mhlw. go. jp/content/12002000/000648415. pdf.

② 2007 年到 2008 年由于世界金融危机，要救助者也大幅度增加，而且随着受助者老龄人口增加的影响，老年人医疗救助受助者的增加也非常显著。

医疗救助费用中住院费用占比高。2018 年因住院所支付的医疗救助金占比为 60%。第三，与医疗保险相比，门诊服务和药品上的医疗救助费用的支出高于医疗保险费用支出。同一定点医疗机构来看，医疗救助人群高于医疗保险人群。第四，医疗救助地域性差距大。受助水平最高的地区和受助水平最低的地区之间有 2.8 万日元（约 1 750 元人民币）的额度差距。

从 2021 年 3 月 3 日起，日本将开始通过个人账号①导入线上的医疗保险资格认定制度，因此，医疗救助制度也将相应地开展线上资格的认定程序。由此申请医疗救助将会变得更加便捷和高效。除此之外，医疗救助还将会有一系列配套措施②：受助者就诊频率的合理化调整、受助者精神药物重复使用的合理化调整、医疗救助药局对救助对象进行相关药理性知识的指导和强化、受助者长期住院问题的改善、受助者常见慢性病的自我预防意识的提高、医疗救助费用的合理化等均有明确的规定。

---

① 日语为個人番号，相当于数据化的中国身份证号码，通过个人番号可以查出任何跟本人相关的税金记录，保险记录等所有的个人及家人信息。

② 厚生労働省．医療扶助に関する検討会資料 3 [EB/OL]. (2020-07-15) [2021-01-08] https://www.mhlw.go.jp/content/12002000/000648415.pdf.

第八章　护理救助的实施

在日本，围绕社会救助的实施有很多具体而详细的实施细则。在《生活保护法》《生活保护法实施令》《生活保护法实施规则》等三个基本法规之外，日本全国社会福祉协会出版的《生活保护指南》中还以“厚生劳动省公告”“厚生劳动事务次官通知”“厚生劳动省社会・援护局长通知”“厚生劳动省社会・援护局救助课长通知”等行政规章为依据，详细记述了具体的实施细则。[①] 下面将以《生活保护指南》为蓝本，具体介绍社会救助中护理救助的实施细则。[②]

护理救助是针对社会救助受助者的护理需求提供救助的制度，在《生活保护法》中属于一个较新的内容。它随着2000年日本《护理保险法》的实施应运而生，其针对护理救助实施的具体规定，很大程度上依赖日本“护理保险制度”。但值得注意的是，因其具有《生活保护法》的兜底性保障功能，因此，与直接针对老年人口的护理需求、提供普惠制保障的护理服务给付，以及针对残疾人进行保障的残疾人自立援助给付等，存在着制度设计目的上的不同。

日本《生活保护法》中的护理救助是以所有社会救助的受助者为救助对象。

---

① 《生活保护指南》每年12月份更新。2018版《生活保护指南》关于护理救助具体实施细则的记述主要依据以下两个文件：“关于《生活保护法》中护理救助的实施要领（2000年3月31日 社援第825号厚生劳动省社会・援护局长通知）”（据2018年3月30日社援发0330第44号修改）以及“关于与《生活保护法》中护理救助的实施要领相关的疑问（2001年3月29日 社援保发第22号，厚生劳动省社会・援护局保护课长通知）”（据2018年3月30日社援保发0330第10号修改）。

② 在日本社会救助制度中，《生活保护问题集》也有着很重要的地位，但是从法律层面来说能否作为法院的判案依据还有着很大的争议。另外，对于护理救助，《生活保护问题集》并没有详细的介绍。因此，在第8章的介绍中并不涉及《生活保护指南问题集》的内容。

但针对不同类型的受助者（主要根据护理保险及残疾人自立援助给付制度的适用与否来分类），护理救助的给付方式会发生变化。在护理救助制度中，优先护理保险给付，其次是残疾人自立援助给付，最后才是护理救助本身的给付。而与这三种给付方式对应的有三种受助者类型：一是护理保险的被保险者（参保人）；二是“非”护理保险的被保险者，且适用残疾人自立援助给付制度；三是“非”护理保险的被保险者，且不适用残疾人自立援助给付制度。① 本章所述的内容皆以此救助为前提。

第一节　护理救助的管理

一、护理救助管理的主体

在日本，为使护理救助工作顺利进行，在都道府县、指定城市、中心城市（日文也叫中核市）的各级政府，以及作为护理救助具体实施的工作机构福祉事务所为中心，建立了一套完整的运营管理体制。护理救助的实施主要有都道府县的知事（含中心城市的市长）指定护理救助实施机构、护理报酬的决定等事务，以及护理实施机构的护理救助决定、实施护理救助的管理工作纲要等。

护理救助管理的任务是对受助者的咨询与指导、协调相关部门实施护理救助。与护理救助相关的部门主要指福祉事务所、护理服务部门、民生委员、市町村及国民健康保险团体联合会、都道府县一级政府的护理保险管理部门、都道府县·市町村自立援助给付等管理部门、护理援助专业委员会等。

二、护理救助的管理体制

护理救助的管理体制（见图 8-1）。

① 日本护理保险的被保险者分为 40~64 岁和 65 岁以上两类，其中成为前者还附加了“加入了医疗保险”的前提。所以，受助者中最典型的“非”护理保险的被保险者就是 40~64 岁，且因为无经济负担能力而未加入医疗保险的受助者。

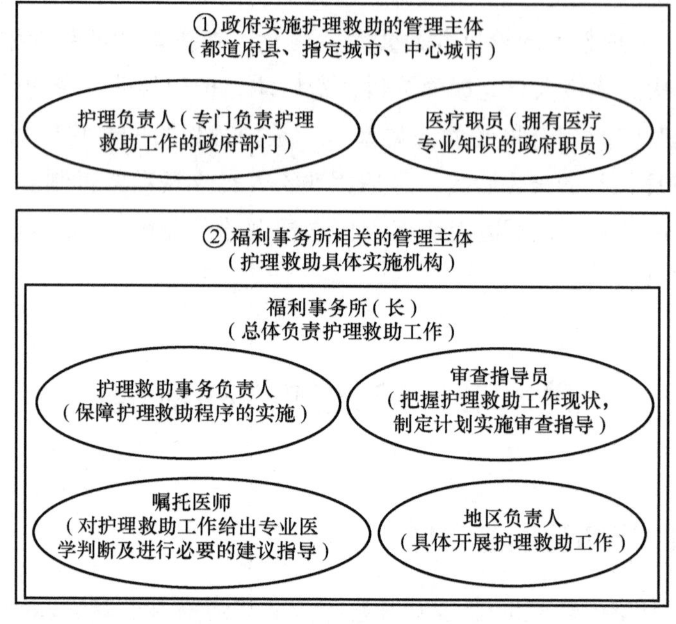

图 8-1　护理救助的管理主体

资料来源：笔者根据 2018 版《生活保护指南》第 562-565 页整理制作。

（一）都道府县·指定城市及中心城市的管理体系

1. 护理管理部门

都道府县、指定城市、中心城市的政府一级中，护理救助的管理主体可分为护理责任人与医疗职员等两部分，前者是社会救助部门内设置的专门承担护理救助工作职能的部门。①

护理负责人的主要职责：向所在的福祉事务所提出建议，准备、实施护理救助运营管理体制；与所在的福祉事务所进行沟通与联络；监察护理救助工作（只限于都道府县及指定城市）；指定辅助护理救助服务机构；公布指定的护理救助服务机构名单；指导、监察指定的护理救助服务机构；代表所在的福祉事务所，向“审查、支付机构”“指定居家护理援助工作者”等护理救助提供者传递相关信息；联络及与“国民健康保险团体联合会”签订合同；代表都道府

① 护理责任人在有的地方称为“护理救助工作主任”。另外，护理责任人的设立并不是强制要求。

县知事做出关于护理救助待遇给付的决定；对护理救助工作进行相关的统计分析；完成其他与护理救助实施相关的事宜。与此同时，护理责任人还要与医疗科、负责护理保险的部门等进行通力协作，做好护理救助工作。

2. 医疗经办人员

医疗经办人员是指拥有医师资格证、精通医疗专业知识的公务员。其在护理救助中的主要工作职责：在对护理救助服务机构的指定及取消中，进行相关医学判断；在需要政府一级决定是否进行护理救助待遇给付时，进行医学判断；对其他护理救助运营管理方面进行医学判断。

3. 相关文件资料及管理手册

与护理救助工作相关，都道府县一级政府应该事先准备好下列三种文件以便办理申请手续。

（1）成为或变更为“指定护理机构①”的相关申请书（《生活保护法实施规则》第 10 条、第 14 条、第 15 条）；

（2）指定护理机构名册（按所属福祉事务所、服务种类分类）；

（3）指定申请书受理册（这里的指定申请书包括变更申请书、中止或终止申请书、恢复服务申请书等）。

（二）福祉事务所相关的职能部门

作为护理救助具体实施机构的福祉事务所等相关职能部门，福祉事务所主要包含以下人员：

1. 审查指导员

审查指导员是把握护理救助工作现状，制订计划实施审查指导的人。审查指导员在努力实现有组织地与地区负责人、嘱托医师进行通力协作的同时，还有如下职责：

（1）把握所管护理救助的现状并分析救助中所出现的问题；

（2）对地区负责人进行指导并认定其工作效果；

① “指定护理机构”是指《护理保险法》中规定的，经指定成为可以在护理保险制度下提供护理服务的机构。一般情况下，该护理指定机构无须再经过指定，即可成为护理救助中的“指定护理救助服务机构”。

（3）统筹与指定护理机构、护理保险者等的相关联络事宜；

（4）指导地区负责人记录并管理福祉事务所（长）制作的“确认手册”。

2. 地区负责人的职责

为保证护理救助顺利实施，开展具体护理救助工作的地区负责人在有组织地与审查指导员、嘱托医师通力协作的同时，还有如下职责：

（1）对受助者中65岁以上适用护理保险的被保险者，进行护理保险费缴付的指导；

（2）委托市町村对受助者中40岁以上不满65岁非护理保险的被保险者进行“需要护理状态”等的审查判定；

（3）给受助者介绍指定护理救助服务机构，并在指定护理救助服务机构的选择中出谋划策；

（4）决定受助者是否需要护理救助及需要何种程度的护理救助；

（5）与护理救助事务负责人通力协作，记录并管理福祉事务所（长）制作的“确认手册”；

（6）巡访护理机构，进行生活指导；

（7）根据“居宅护理援助计划”或“护理预防援助计划”等规定，提供服务的真实业绩；

（8）针对护理报酬申请明细的内容进行详细调研；

（9）指定护理救助服务机构、护理保险者、负责与残疾人生活自立援助给付等的部门，以及与“护理援助专员”等之间的联络事宜。

3. 嘱托医师

对护理救助给出专业医学判断及进行必要的建议指导的嘱托医师，应审查指导员和地区负责人等的要求，主要负责：

（1）判断受助者中40岁以上不满65岁的人员是否符合患有《护理保险法》（第7条第3款第2项）所要求的特定疾病的条件；

（2）针对受助者的调查、指导或诊查；

（3）从疗养的角度判断，长期住院的患者是否适合转为护理救助；

（4）其他护理救助相关的医学判断。

4. 护理救助管理责任人

护理救助管理责任人主要负责：

（1）发放护理券；

（2）将“护理给付费公费受付者一览表[①]”与福祉事务所（长）制作的“护理券交付办理手册”进行核对；

（3）与地区负责人通力协作，将40岁以上不满65岁非护理保险的被保险者是否适用护理救助的情况，记录在福祉事务所（长）制作的“确认手册”上，并进行管理；

（4）在（3）的受助者中接受护理救助人员的情况，与国民健康保险团体联合会进行沟通；

（5）负责受助者中属于护理保险被保险者的相关事宜与市町村进行沟通。

5. 福祉事务所（长）

与护理救助相关，福祉事务所（长）主要负责以下五项工作。

（1）制作“护理券交付处理簿”，对记载护理救助给付内容的“护理券”进行整理；

（2）制作“确认手册”，确认并记录40岁以上不满65岁非护理保险的被保险者，审定其是否适用护理救助的情况（包括确认其是否适用针对残疾人的“自立援助给付”等制度）；

（3）常备下列手续文件：护理券、受助者信息联络表、接受护理救助者的信息联络表、受助者信息变动联络表、受助者信息变动更正联络表；

（4）针对“指定护理救助服务机构”的相关事宜，福祉事务所（长）对护理救助的确定等有异议的事宜，关于其他法律政策适用的事宜等，在需要的情况下，向都道府县知事报告或请求技术援助；

（5）当护理救助在护理保险制度体系中难以实现，需要设定机构标准时，

① 护理给付费公费受付者一览表是指将国民健康保险团体联合会审查完毕的护理救助产生的护理给付费明细的内容，按每个受付者所获得公费给付的种类，重新整理而形成的一览表。参考：琦玉县．护理救助的实行方法［EB/OL］.（2018-02-01）［2020-02-29］. https：//www. pref. saitama. lg. jp/a0602/kaigo-hujyo/910-20091209-91. html.

向厚生劳动省提供相关信息（包括设定特殊标准的理由及相关可作为参考的资料，特殊标准的申请金额及证明其为最低额度的文件，相关专家医师等的意见）。

三、实施的方针

护理救助的实施方针可以归纳为两方面：一是对申请护理救助的社会救助受助者，针对上述护理救助的管理主体进行必要的建议和指导（主要与护理保险的使用相关）；二是除护理救助制度之外，与护理救助相关的部门及管理人员（如护理保险、残疾人给付制度等）通力协作。

（一）对受助者进行的必要建议和指导

针对以下两种与护理保险制度适用相关的情形，都道府县知事及上述护理救助的管理主体应当对申请护理救助的社会救助受助者进行必要的建议和指导。

第一种情形：针对①目前正在利用护理服务，居家、住院或在养老机构居住的受助者；②达到“需要护理状态”[①]，“需要援助状态”[②] 或“基本对照表”建议护理预防咨询的标准[③]，并且利用护理服务可以提升其生活质量的受助者，推

① 这里的要护理状态指《护理保险法》中规定的要护理状态。具体是指“认定因身体或精神上残疾，导致在厚生劳动省令所规定的期间内，对全部或部分如入浴、排便、进食等日常生活基本动作，一直需要不间断护理，并且所需护理的程度达到厚生劳动省令所规定的任意一个等级（要护理状态等级）的状态（不包括要援助状态）”（《护理保险法》第7条第1款）。前述“厚生劳动省令所规定的期间”原则上为6个月。“厚生劳动省令所规定的任意一个等级（需要护理状态等级）”从轻度到重度，分为1~5等，其具体内容另请参照《关于与要护理认定等相关的护理认定审查会之审查及判定基准等的省令（1999年4月30日厚生劳动省令第58号）》（据2006年3月14日厚生劳动省令第32号修改）及《关于护理认定审查会之运营管理（2009年9月30日老发0930第6号厚生劳动省老健局长通知）》（据2018年3月23日老发0323第1号修改）。

② 这里的需要援助状态指《护理保险法》中规定的要援助状态。具体是指“认定为为减轻因身体或精神上残疾，导致在厚生劳动省令所规定的期间内，对全部或部分如入浴、排便、进食等日常生活基本动作，一直需要不间断护理的状态，或防止状态恶化，需要援助；或者认定因身体或精神上残疾，在厚生劳动省令所规定的期间内，一直处于日常生活不便的状态，且所需援助的程度达到厚生劳动省令所规定的任意一个等级（需要援助状态等级）的状态”（《护理保险法》第7条第2款）。前述“厚生劳动省令所规定的期间”原则上为6个月。“厚生劳动省令所规定的任意一个等级（需要援助状态等级）”从轻度到重度，分为1~2等；规定其具体内容的文件，与上一个注释中规定“需要护理状态等级”的文件相同。

③ 这里的“基本对照表”是指厚生劳动省为护理预防事业（《护理保险法》第115条之45）的顺利实施而制作的可用于自我评分的评价表。由“生活状态1”“运动·器械相关”“营养·口腔机能等相关”“生活状态2”“心理状态”五部分组成，每部分分五小项。按照“基本对照表”的评价标准，建议一定得分者去市、町、村或地区综合援助中心做护理预防咨询。

荐其利用护理保险制度。

第二种情形：决定利用护理保险制度时，因为受助者的特殊法律身份会导致，①受到社会救助相关法规定的限制；②需要福祉事务所的参与；③需要经过要护理状态的认定；④需要制作居家护理援助计划书等情形，所以其利用流程与利用医疗救助的流程大为不同。因此，针对利用护理保险制度的具体流程，应给予受助者适当的建议和指导。

（二）相关部门及人员的通力协作

为了使护理救助能够顺利实施，除了直接相关的上述护理救助的管理主体和受助者之外，都道府县・市町村负责护理保险的部门、都道府县・市町村负责自立援助给付的部门、指定护理机构、市町村及国民健康保险团体联合会、民生委员、护理援助专员（护理管理员）等，应该在充分理解护理救助制度的基础上开展相应的工作，各级政府需要建立相关部门及管理人员能够通力协作的工作体制。

1. 职能部门与服务机构的协作

都道府县・市町村负责护理保险的部门应在与指定护理救助服务机构相关的工作中，提供下列配合：其一，对申请成为或开办《护理保险法》规定的指定护理机构的，应告知：①当依据《护理保险法》接受指定成为或允许开设指定护理机构的同时，也等同于依据《生活保护法》（第 54 条第 2 款第 2 项）成为指定护理救助服务机构；②上述护理机构（除“地区紧密型护理老年福祉机构”及“护理老年福祉机构”之外），在申请成为或开办救助服务机构时，应向管理该护理机构所在地负责社会救助的部门提交载有该护理机构名称、地址，开设者及管理者的名字、住址，以及该申请所涉机构或事务所的工作种类的申请书，及不需要另行申请成为指定护理救助服务机构这一信息。其二，为掌握指定护理救助服务机构的情况，都道府县・市町村负责护理保险的部门应提供依据《护理保险法》已经成为指定护理机构的相关信息。

2. 职能部门之间的协作

都道府县・市町村负责自立援助给付的部门，依据《残疾人日常生活及社会生活的综合援助法》《残疾人综合援助法》规定的给残疾人提供自立援助给付及安排地区生活援助事业。为平衡对残疾人的护理救助与自立援助给付，护理救助的管理主体需要调取“残疾人手册”，与负责残疾人自立援助给付的部门进行商谈，并向其申请自立援助给付等。这些都需要都道府县？市町村负责自立援助给付的部门通力协作。

3. 辅助救助

《护理保险法》规定的指定护理机构，应当根据“指定护理机构护理责任规章”（2000 年 3 月厚生劳动省告示第 191 号），切实履行辅助护理救助工作的义务。

4. 信息提供

作为护理保险的保险人（经办机构）的市町村，及作为护理保险的审查与支付机构的国民健康保险团体联合会，其一，应为确定适用于受助者的收入区间（将依据该收入区间决定护理救助中受助者个人负担的额度）提供必要的信息；其二，提供申请护理救助的受助者中不适用护理保险者的必要信息。

5. 体恤民意及制度宣传

深入群众了解民情，具有志愿者性质的民生委员，应通过“民生委员协议会”充分理解护理救助制度，通力协作将护理救助制度通知到每个受助者。

6. 精准服务

隶属护理保险制度，负责制定护理计划的护理援助专员（护理管理员），应充分理解护理保险给付、残疾人自立援助给付与护理救助给付的关系，以制定出更适合受助者的护理服务计划书。

四、受助者信息的管理

在日本现行的护理救助制度中，根据受助者的类型，给付方式、个人负担额度等都会有所不同。比如，可以利用护理保险制度的受助者，会自动认定缴付最低一档的保险费，并且在认定“高额护理服务费”时，适用最低一档的个人负担额度。而决定受助者类型的正是不断变动着的受助者信息，因此，对受助者信息的管理就显得尤为重要。作为护理救助具体实施机构的福祉事务所正是受助者信息管理的核心。

为了能更好地把握受助者的信息，福祉事务所主要按照是否适用护理保险来进行分类管理。其主要内容可大致归纳如下：

（一）及时更新个人信息

针对适用护理保险的受助者，福祉事务所在每个财政年度之始，通过受助者信息联络表，将4月1日已到65岁的受助者（包括停止保护的受助者）及在该财政年度内即将达到65岁的受助者的信息，提供给各个护理保险者。当适用护理保险的受助者开始、停止、终止护理救助时，用接受护理救助者的信息联络表，将其信息提供给各个护理保险者。

（二）依法管理个人信息

针对不适用护理保险的受助者，福祉事务所根据“2000年3月28日保障第10号·社援保第12号厚生劳动大臣官房长官、残疾人保健福祉部残疾人福祉课长，同社会·援护局保护课长联名通知”[①] 的规定，也需要合理管理其信息。

第二节　指定护理救助服务机构

指定护理救助服务机构主要包括“居家护理·护理预防”的提供者，和“机构护理”的提供者等。[②] 本节主要从指定护理救助服务机构的一般规定、护理救助服务费用的审查及支付、指定护理救助服务机构的指导和监察三个方面来展现护理救助服务提供者的特征。

一、一般规定

（一）指定程序

从原则上来说，指定护理救助服务机构从依据《护理保险法》指定的指定护理机构中选取，由都道府县知事依据《生活保护法》第54条第2款第1项进行指定。但依据《生活保护法》第54条所列依据《护理保险法》成为指定护理机构的，可直接成为指定护理救助服务机构。[③] 不过，在具体的指定程序中还应注意以下五点。

---

① “部”相当于我国部委的“司”，“课长”相当于“处长”。

② 指定护理救助服务机构的种类与护理保险中的指定护理机构的种类相同。除正文中的两种之外还包括“指定居家护理援助事业机构”“指定地域综合援助中心”等。

③ 对上述免指定的机构，要保证其依据“护理责任章程”和依据《生活保护法》第54条之2第4款、第52条第2款的规定（2000年4月厚生劳动省告示第214号）提供符合标准的护理服务，并且都道府县负责社会救助的部门要与负责护理保险事宜的部门通力协作，让后者提供上述免指定机构的信息并及时更新上述机构的名册。

第一，《生活保护法》第49条第2款规定了不可成为指定护理救助服务机构的情形①，应保证指定对象不在上述情形之中。

第二，指定护理救助服务机构的指定还应依据“护理担当规程”和“依据《生活保护法》第54条准用的同法第52条的规定制定的护理方针及护理报酬之规定”，选择能够保证护理服务质量的机构。

第三，符合《生活保护法》第49条②的护理机构不予指定。

第四，出现新的指定护理救助服务机构时，都道府县负责社会救助的部门应通过负责护理保险事宜的部门，向国民健康保险团体联合会发送通知。若新的指定护理救助服务机构属于指定城市或中心城市，则应向管辖该指定城市或中心城市的都道府县负责社会救助的职能部门发送通知。

第五，提供地域紧密型服务的护理机构，只需要接受其所属都道府县知事的指定成为指定护理救助服务机构即可，而不需要成为《护理保险法》规定的指定护理机构。而由护理保险的保险者（经办单位）委托、资助或直接经营的护理预防·生活援助服务机构，不需要接受指定即可成为指定护理救助服务机构。

（二）特别护理服务的规定

指定护理救助服务机构如果按照“指定居家服务等人员、设备及运营标准”（1999年厚生劳动省令第37号）第48条规定，向受助者提供由护理服务利用者选定的特别护理服务（如提供有药效的洗澡水），则应向受助者直接收取相关费用。这部分费用不在《生活保护法》的救助范围之内。

---

① 《生活保护法》第49条之2第2款第2项到第9项规定的不可成为指定护理救助服务机构的情形具体为：（1）申请人被判处监禁（剥夺自由而不得以劳务的刑罚）以上刑罚，且未执行完毕的（第2项）；（2）依据本法或其他与国民的医疗保健、福祉相关的法律政令的规定，申请人被处以罚款，且未执行完毕的（第3项）；（3）申请人以前被取消指定，且距取消之日起未满5年的（第4项）；（4）申请人以前在政府审查是否取消指定的过程中自动放弃指定，且距放弃之日起未满5年的（第5~7项）；（5）申请人在申请之日前5年内对受助者有医疗相关的明显不妥行为的（第8项）；（6）与此申请相关的医院、诊所、药房的管理者有上述情形的（第9项）。

② 《生活保护法》第49条之2第3款具体内容为：与申请相关的医院、诊所、药房如果有向受助者提供不合标准的医疗服务的嫌疑且被政府指导的情形，或者由于其他原因有不适合提供社会救助中的医疗救助的情形，提出申请的护理机构也不能成为指定护理救助服务机构。

（三）选择护理救助服务机构

为了在尊重受助者选择权的同时，更好地实施护理救助，需要保证有足够数量的指定护理救助服务机构。因此，负责护理救助的部门应与负责护理保险事宜的部门通力协作，为还未成为指定护理救助服务机构的护理服务机构举行说明会，并发放指定申请书，让其充分了解护理救助制度，鼓励其申请成为指定护理救助服务机构。

二、护理救助服务费用的审查及支付

（一）护理救助服务的组织形式

在护理救助制度中，指定护理救助服务机构提供的护理救助服务的费用，由国民健康保险团体联合会负责支付，其审查任务由国民健康保险团体联合会内设的“护理给付费等审查委员会”承担。前述审查及支付工作，以都道府县知事及市町村长委托国民健康保险团体联合会理事长的名义进行，委托方式是依据行政规章①签订委托合同，并须交换相关备忘录。

（二）护理救助服务的费用审查与支付的具体流程

具体审查、支付的流程如图 8-2 所示。

一是指定护理救助服务机构提供护理救助服务后，向国民健康保险团体联合会申请费用支付；二是国民健康保险团体联合会内设的护理给付费等审查委员会审查后，将审查结果提交都道府县知事；三是由都道府县知事对审查明细进行讨论研究②，确定最终的护理救助服务费③；四是由国民健康保险团体联合会负责支付；五是都道府县知事及市町村长从国民健康保险团体联合会收到最终支付记录（“护理服务费报销通知书”及“护理给付费公费受付者一览表”）时，应将其再转送相应的福祉事务所。如果发生护理救助服务费用的过度给付，则由都道府县知事决定返还金额并通知国民健康保险团体联合会，让其从今后要支付给该指定护理救助服务机构的护理服务费中扣除相应金额。如果该指定护理救助服务

① 这里的行政规章是指“2000 年 4 月 20 日老介第 3 号厚生劳动省老人保健福祉局护理保险课长通知”。

② 由于已经经过护理给付费等审查委员会的专业人员审查，都道府县知事只需对如个人负担额度这样的在护理救助制度中特别需要注意的地方进行讨论研究即可。

③ 如果都道府县知事对最终的护理救助服务费作出减额决定之时，应将研究讨论过程进行书面记录。如果国民健康保险团体联合会作出再次审查，都道府县知事应确认其再次审查的结果。

机构从此以后不再产生护理服务费，则直接要求其返还相应金额。

上述审查、支付的流程，实际上只是套用了一般护理保险中指定护理机构的护理服务费用的审查支付流程，并没有什么特殊性。

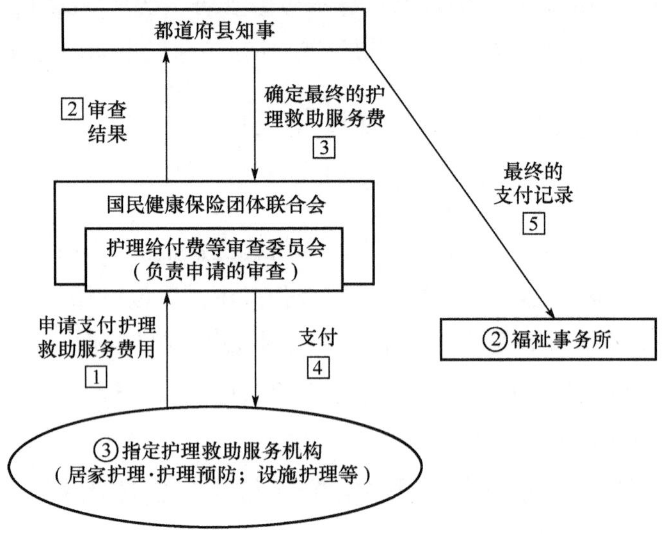

图 8-2　护理救助服务费用的审查与支付

资料来源：笔者根据 2018 版《生活保护指南》第 562-568、637-639 页整理制作。

三、指导、监察和处罚

指定护理救助服务机构在实际运营中不免出现这样或那样的问题，特别是指定护理救助服务机构并非是单独针对护理救助制度的机构，其更多的功能为护理保险服务。因此，从护理救助工作的视角对指定护理救助服务机构进行指导、监察及对个别机构进行处罚也必不可少。

（一）指导

护理救助管理主体进行的指导是以所有的指定护理救助服务机构为对象，以帮助提高受助者待遇及其自立能力，通过加强对护理救助制度的主旨、护理救助相关工作的信息宣传，促进依据《生活保护法》更好地开展护理救助工作为目的。

护理救助指导具体分为一般指导和个别指导两种类型。一般指导是对《生活保护法》及与其相关的政府的命令、告示、通知等所规定的事宜，通过讲座、座谈、公告、文件等方式进行告知的形式。个别指导原则上是在指定护理救助服务机构所在地进行的实地指导。① 主要以座谈的形式进行，同时参阅护理记录及其他账簿文件，并在有必要的情况下实地调查确认受助者接受护理服务的状况，努力保障受助者获得有效的护理服务。

不论哪种类型都应选择在对日常工作影响最小的时间段进行，并书面通知指导实施的日期和地点，且注意不与负责护理保险的部门作出指导的时间相冲突。

（二）监察

针对指定护理救助服务机构进行的监察，依据上述个别指导的结果，以需要进行监察及拒绝接受个别指导的指定护理救助服务机构为对象，以严格监察护理救助服务内容及费用报销申请是否有不当之处、是否偏离护理救助的基本原则，确保护理救助工作的正确开展为目的。

监察的方法主要有：一是比照监察护理给付费公费受付者一览表、护理记录及其他档案等；二是实地对护理设备等进行调查，并且按照需要也可对接受护理服务的受助者进行监察。

与上述指导一样，在具体实施监察时应选择在对日常工作影响最小的时间段进行，并书面通知监察实施的日期和地点，且注意不与负责护理保险的部门作出监察的时间相冲突。

（三）处罚

若上述监察的结果表明确有护理救助服务内容或费用报销申请不当，依据其不当程度，都道府县知事可由重到轻作出四种行政处罚：一是取消指定；二是停止指定的全部或部分业务；三是警告；四是提醒。

都道府县知事作出行政处罚的注意事项：一是作出取消指定或者在一定期间内取消指定；二是作出停止指定的全部或部分业务的行政处罚时，应依据《行政程序法》的规定，给予相应指定护理救助服务机构“听证”的机会；三是当取消

---

① 但是新成为指定护理救助服务机构，且不需要实地指导的，可将多个机构的管理者及相关责任人集中起来进行个别指导。另外，基于上一年度的个别指导的结果，依旧需要个别指导但不需要实地指导的，可以在其提交书面报告之后，将其管理者及相关责任人集中起来进行个别指导。

指定的行政处罚确定时，依据《生活保护法》第55条的规定，应当立即对该行政处罚进行公告，并向管辖该指定护理救助服务机构的福祉事务所和国民健康保险团体联合会提供相关信息。

若出现需要返还不当救助金额，需要减少护理服务费报销金额，或需要额外交纳罚金的情形，都道府县知事应协同有关部门迅速作出处理决定。

第三节　护理救助的实施

本节介绍护理救助的申请、确定、变更及个人负担，作为具体给付前提的要护理状态的认定及居家护理援助计划等的制定，福祉用具以及住房改造。同时，梳理护理救助的三种给付方式（护理保险给付、残疾人自立援助给付、护理救助本身的给付）下，护理救助的实施主体（①政府部门和②福祉事务所）、护理救助的服务提供者（③指定护理救助服务机构）、护理救助的利用者（④受助者）之间的关系（见图8-3）。

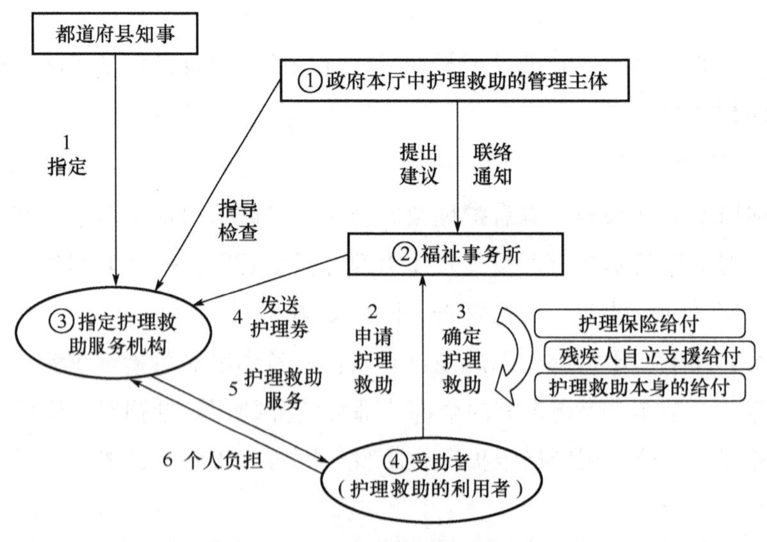

图8-3　护理救助的实施流程

资料来源：笔者根据2018版《生活保护指南》第555-643页整理制作。

这里要说明的是：第一，图 8-3 参照了护理救助整个说明，是本章的总结；第二，图 8-3 中的①②③还分别对应图 8-1 与图 8-2 中的①②③；第三，图 8-3 只标注了基本实施流程，细节请参照文字说明。

一、申请、确定、变更及个人负担

（一）护理救助的申请

受助者申请护理救助时，除了正常的申请社会救助时所需的材料之外，还需要向福祉事务所提交以下信息和材料。一是是否是护理保险的被保险者及与之相关的其他事宜；二是如果是护理保险的被保险者，则需附上需要护理状态的认定及居家护理援助计划等的复印件。[①]

（二）护理救助的确定

当收到护理救助申请之后，护理救助的管理主体除了需要完成第一节中所介绍的各个管理主体的职责之外，还需注意以下三点来确定是否进行以及进行何种护理救助给付。

第一，确定护理救助给付范围及开始时间：其一，《护理保险法》对“居家护理”“护理预防”和“护理预防及日常生活援助”的具体给付内容规定了相应的给付限度，需注意的是，超过该限度的部分不属于护理救助给付范围；其二，在特定机构（如应对老年痴呆症的机构）入住的受助者的护理救助费用不得超过“住房救助”中所规定的限额；其三，原则上护理救助开始之日为社会救助申请书或者社会救助变更申请书提交日之后，认定为需要护理救助之日。

第二，确定申请护理救助的受助者在其他法律、政策中的适用情况：根据相关法律规定[②]，护理保险给付优先于残疾人自立援助给付，而社会救助的兜底性

① 这里的需要提交居家护理援助计划等的复印件的申请人，限定为“是护理保险的被保险者”，主要是因为在此情况下居家护理援助计划等的制定费用，全部由护理保险的保险者负担，申请人没有额外的经济压力。而非护理保险的被保险者，在护理救助的申请阶段，只能自己负担居家护理援助计划等的制定费用，如果规定他们也需要提交居家护理援助计划等的复印件，会阻碍他们获得护理救助的权利。

② 参照《为综合援助残疾人的日常生活及社会生活的法律》第 7 条，“基于此法律规定的自立援助给付和护理保险制度的适用关系。

（《生活保护法》第 4 条等）决定了护理救助本身的给付在护理保险和残疾人自立援助给付之后。所以，对于护理保险的被保险者（参保人）优先适用护理保险给付，而对非护理保险的被保险者，在提交申请时应首先确认是否存在可用的其他制度，如果确认存在（非护理保险的被保险者且适用残疾人自立援助给付制度），则应在指导申请人利用该制度的同时，联系相关制度的负责部门以保证要受助者顺利获得给付；如果确认不存在（非护理保险的被保险者，且不适用残疾人自立援助给付制度），则由护理救助本身承担所有相关费用给付。①

第三，确定受助者的要护理状态及按需要制定相应的居家护理援助计划。这是确定是否进行以及进行何种护理救助的关键。这一点将在以下需要护理状态的认定及居家护理援助计划中具体介绍。

（三）护理救助的变更

护理救助确定之后，在具体给付过程中，福祉事务所所长发现，接受护理救助的受助者符合以下六种情况中任意一种时，应当进行护理救助的变更。

第一，个人负担额度应予变更的。

第二，应变更指定护理救助服务机构的。

第三，应将居家护理变更为机构护理的（反之亦然）。

第四，居家护理、机构护理、护理预防、护理预防及生活援助服务之间应调整服务结构的。

第五，因可以利用其他法律制度而需要调整护理救助内容的。

第六，新确认需要福祉用具、住房改造、移送服务给付等的（或者前述给付需要调整的）。

另外，当福祉事务所所长对申请护理救助的受助者作出开始、变更、中止或终止护理救助的决定时，应当以“社会救助决定通知书”的形式，向受助者发送通知。

---

① 虽然护理保险给付、残疾人自立援助给付、护理救助本身的给付是三个不同的制度，但都是通过受助者申请护理救助而实现的对受助者的护理保障。所以本文认为，上述三种不同制度的给付方式是护理救助制度下的三种给付方式。

（四）个人负担

第一，护理救助中的个人负担是指在受助者所在家庭的总收入（包括社会救助给付）中保留必要的生活费，剩余部分用来向指定护理救助服务机构支付护理救助费用等的制度。

第二，护理救助中的个人负担根据受助者利用的护理服务的种类不同，其具体支付方式也有所不同。针对机构护理服务，个人负担部分应该先用于付清机构护理服务的费用，其次是伙食费，再次是居住费；针对机构以外的护理服务，个人负担部分应先用于支付居家护理等服务的费用，其次是福祉用具或护理预防福祉用具，再次是住房改造或护理预防住房改造，最后是与移送相关的服务费用。

（五）其他注意事项

在护理救助的实施过程中还应注意以下四点。

第一，护理券的发放。除了福祉用具、住房改造、非指定单位提供的护理预防·生活援助服务及移送服务之外，护理救助原则上都需要发放护理券。所以，当福祉事务所确定进行护理救助时，应向相应指定护理救助服务机构寄送护理券。护理券的种类只按照社会救助独立负担（针对非护理保险的被保险者，且不适用残疾人自立援助给付制度）和与其他法律制度共同负担（针对护理保险的被保险者；及非护理保险的被保险者，且适用残疾人自立援助给付制度），因负担方式不同而分为两类，与护理救助服务的种类没有关系。

护理券按月发放。如果护理救助在一个月的中途开始或终止，则发放标明具体有效期限的护理券。护理券各栏由福祉事务所记录护理券发放所需事宜，没有个人负担金额的，在个人负担一栏画上斜线。由福祉事务所记明所需事宜，并盖有福祉事务所所长印章的护理券方为有效。如需修改，则由福祉事务所进行修改，并须在修改处盖上福祉事务所所长印章。

护理券应直接送达指定护理救助服务机构，当指定护理救助服务机构收到护理券时须确认其有效性。注意不可收取受助者超过个人负担一栏金额的费用。为方便国民健康保险团体联合会，都道府县政府部门进行审查支付，以及福祉事务所对护理券交付处理簿和护理给付费公费受付者一览表进行对照，指定护理救助服务机构须将护理券的相关事项正确誊写到“护理给付费明细”上。另外，福祉事务所在审查护理给付费公费受付者一览表时，需要向指定护理救助服务机构确认护理券。因此，指定护理救助服务机构应当将护理券保存至福祉事务所确认为止，然后由指定护理救助服务机构自行处理护理券。

第二，受助者信息变动联络表与受助者信息变动更正联络表的正确使用。护理救助制度委托国民健康保险团体联合会审查，并支付接受护理救助给付的受助者相关的护理费用。其中护理保险的被保险者的信息由国民健康保险团体联合会通过护理保险体系获得，而非护理保险的被保险者的信息则由护理救助的管理主体向国民健康保险团体联合会提供。在下列三种情形中，护理救助的管理主体应依据相关行政规章制作受助者信息变动联络表并送达国民健康保险团体联合会：①受助者开始护理救助的；②原先制作的受助者信息变动联络表中的记载事项有变化的；③终止护理救助或新取得护理保险被保险者资格的。

如果上述受助者信息变动联络表记载有误，其处理方式并非重新制作该联络表，而是应制作受助者信息变动更正联络表，并送达国民健康保险团体联合会。

第三，对护理救助在月中开始或结束时护理服务费用的计算。①对于按天或按次计算的护理救助服务，只需明确其在当月护理救助给付期间内的费用总额即可；②对于按月计算的护理服务，以其平均每日的服务费用乘以当月内总共的利用天数，来计算护理救助的给付额度。

第四，无法利用指定护理救助服务机构的情形。在偏远地区或海岛，无法利用指定护理救助服务机构的，可以特别允许在护理救助制度框架内利用部分满足指定护理救助服务机构标准的护理服务机构，或非指定护理救助服务机构。

二、要护理状态的认定及居家护理援助计划等的制定

总体来说，首先，受助者需接受要护理状态的认定，然后根据所属类别等级来确定相应的护理救助的具体内容。要护理状态的认定结果分为“要护理”“要援助”和“与基本对照表相符”这三大类型①，其中又从轻度到重度分为各个等

---

① 参见“第一节 三、实施的方针（1）对受助者进行的必要的建议和指导”中的相关内容。

级。然后在确定下来的护理救助具体内容中，如果包含居家护理、护理预防、护理预防及日常生活援助等的给付内容，则需要根据相应的居家护理援助计划、护理预防援助计划、护理预防照顾管理计划等各种事先由专业人员制定好的给付计划来实施。这两个步骤是确定护理救助的重要一环，也是具体护理救助给付的前提。

（一）要护理状态的认定

对不同类别的受助者，所采用的认定方式也各有不同，同时作为护理救助具体实施机构的福祉事务所也应履行相应的责任。

第一，针对受助者中的护理保险的被保险者。①对其中 65 岁以上的，依据《护理保险法》的具体规定，由护理保险制度实施要护理状态的认定；②对其中 40 岁以上不满 65 岁，且因老年病处于要护理或要援助状态的受助者，虽然也同样依据《护理保险法》由护理保险制度实施要护理状态的认定，但需注意，判断其是不是因患有老年病而导致要护理或要援助状态，还需要根据其主治医师的意见书，由市町村设立的“护理认定审查会”进行判定。福祉事务所对上述两种情况都应当对受助者进行建议和指导，以便对要护理状态的认定工作顺利开展。

第二，针对受助者中的非护理保险的被保险者。其要护理状态的认定由社会救助制度独立进行。在此种情形下，也采用护理保险制度中要护理状态的认定标准，委托市町村设立的护理认定审查会进行认定。具体的委托方式为：都道府县设立的“郡福祉事务所”依据行政规章①，与其所管区域内的町村长签订委托合同，并交换备忘录；而“市町村福祉事务所”则直接委托市町村设立的护理认定审查会，进行要护理状态的认定。

另外，针对长期住院、接受社会救助制度中的医疗救助且无人照顾的受助者，福祉事务所应当走访其主治医师或者与福祉事务所的嘱托医师协商，以确定继续医疗护理的必要性及是否适合从医疗救助转为护理救助。如果判定其身心状况适合转为护理救助，则应指导其接受要护理状态的认定。

（二）居家护理援助计划等的制定

在申请的护理救助的内容中有与居家护理、护理预防、护理预防及日常

---

① 2000 年 3 月 31 日社援保第 20 号厚生劳动省社会·援护局保护课长通知。

生活援助相关的给付时，需要一并提交《护理保险法》所规定的居家护理援助计划、护理预防援助计划、护理预防照顾管理计划等，由“指定居家护理援助工作单位”等专业人员事先制定好的各种给付计划。[①] 这些给付计划的具体制定过程，又分为护理保险的被保险者和非护理保险的被保险者两种情况。

1. 针对护理保险的被保险者的注意事项

第一，正在接受社会救助的受助者，想要利用护理保险的护理服务时，护理救助的管理主体应指导其在具体制定居家护理援助计划等之前，与对其负责的福祉事务所商谈。

第二，对未制定居家护理援助计划等，有意愿申请护理救助的受助者，福祉事务所应向其出示指定居家护理援助机构一览，并建议其根据自己的意愿选择指定居家护理援助机构来制定居家护理援助计划等。

第三，应充分告知申请人，如果由非指定护理救助机构来制定居家护理援助计划等，或者在计划制定、变更之后未立刻联系福祉事务所的，有可能无法获得护理救助。

第四，对已经由非指定护理救助服务机构制定了居家护理援助计划等的受助者，应当先审查其计划是否达到申请护理救助的标准，对于未达标准的应责令其重新制定计划。

第五，在护理救助申请时，原则上由受助者提交居家护理援助计划等的复印件。但是根据受助者的意愿等，可以直接向指定居家护理援助机构索要居家护理援助计划等的复印件。

2. 针对非护理保险的被保险者的注意事项

第一，福祉事务所应向其出示所管辖的指定居家护理援助机构一览表，并让其根据自己的意愿选择指定居家护理援助机构，同时制作护理券，并委托指定居家护理援助机构制定居家护理援助计划等。

第二，制定居家护理援助计划等所需的费用，参照护理保险制度中的居家护

---

① 由在提供“小规模多功能型居家护理”的机构里工作的“护理援助专员”制定的居家给付计划，也具有同等效力。

理服务计划费、护理预防服务计划费、护理预防管理费，委托国民健康保险团体联合会审查支付。

三、福祉用具

（一）福祉用具给付三大原则

作为特殊的护理救助给付，福祉用具给付有三大原则。

第一，须从指定特定福祉用具销售机构或指定特定护理预防销售机构购买福祉用具。

第二，护理救助给付的福祉用具种类不得超过厚生劳动大臣所制定的行政规章①中规定的种类。

第三，非护理保险的被保险者只有在无法从残疾人自立援助制度中获得福祉用具给付（残疾人综合援助法第77条）的情况下才能够从护理救助中获得福祉用具给付。

（二）护理救助中福祉用具给付的额度

护理救助中福祉用具给付的额度，应以该受助者所在市町村中，《护理保险法》规定的“居家护理福祉用具购置费给付限度基准额”或“护理预防福祉用具购置费给付限度基准额”为上限，按该受助者的需求计算出最小额度。

（三）给付过程应注意的事项

护理救助的管理主体关于福祉用具的具体给付过程的注意事项：

第一，应依据受助者的申请，确认预定购置的福祉用具是否符合上述福祉用具给付的三大原则，在此基础上决定是否进行给付。一般以现金给付为主，并在购买福祉用具之后确认购买凭证。

第二，应指导受助者中护理保险的被保险者，在接受护理救助的现金给付进行购买后，基于购买凭证申请护理保险相关费用的报销，并在护理保险报销了福祉用具的购买费用后，通过该受助者收回该笔费用（《生活保护法》第63条）。

---

① 特定福祉用具销售相关的种类及特定护理预防福祉用具销售相关的种类（1999年3月厚生劳动省告示第94号）。

第三，原则上，除了福祉用具破损，或受助者的要护理状态明显加重而不再适用现有福祉用具等特殊情况之外，针对同种福祉用具只进行一次给付。

四、住房改造

（一）护理救助给付中住房改造的内容

作为特殊的护理救助给付，住房改造包括以下六项内容①：

第一，安装扶手。

第二，调整落差。

第三，为防滑及通行方便而更换地板和廊道的材料。

第四，更换拉门。

第五，更换坐便器。

第六，其他与前几项改造相关的附带改造。

（二）护理救助中住房改造给付的额度

护理救助中住房改造给付的额度，应以该受助者所在市町村中，《护理保险法》规定的“居家护理住房改造费给付限度基准额”或“护理预防住房改造费给付限度基准额”为上限，按该受助者的需求计算出最小额度。如有特殊情况需超过给付限额的，须将相关信息提交厚生劳动大臣。

（三）住房改造的具体给付过程

关于住房改造的具体给付过程，护理救助的管理主体还应注意以下三点：

第一，依据受助者的申请，确认预定实施的改造是否在上述住房改造的六项内容之内，在此基础上决定是否进行住房改造给付。一般以现金给付为主，并在住房改造之后确认收据凭证。

第二，对于受助者中护理保险的被保险者，如果其需要在申请护理救助的住房改造给付之前，先进行护理保险事前申请的，确保其先进行护理保险的事前申请；住房改造之后指导该受助者，持收据凭证申请护理保险相关费用的报销，并在护理保险报销了住房改造的费用后，通过该受助者收回该笔费用（《生活保护

① 与居家护理住房改造费等支出相关的住房改造的种类（1999 年 3 月厚生劳动省告示第 95 号）。

法》第63条)。

第三，原则上，除了搬家或受助者的要护理状态明显加重，而不再适合现有住房等特殊情况之外，住房改造给付也只进行一次。

综上所述，从护理救助的制度框架中不难看出，日本的护理救助作为一个建立时间较短的制度，充分利用了诸如护理保险、残疾人自立援助给付等其他现有制度，这是其一大特点。具体表现为：形成了护理保险给付、残疾人自立援助给付、护理救助给付三种给付方式并存，各种制度之间相互交错的复杂制度系统，并因此人为地出现了护理保险的被保险者（参保人)、非护理保险的被保险者(适用残疾人自立援助给付制度)、非护理保险的被保险者（不适用残疾人自立援助给付制度）这三种受助者类型。

由于不需要另行设立一套新的制度系统，因此，直接利用其他现有制度（护理保险、残疾人自立援助）有其便捷的一面。但也会造成制度体系的复杂化，而不便于管理和利用，也会导致各部门之间出现协调困难等问题。其中最重要的一点是，其他现有制度已经具有各自的制度目的，与其配套的救助机构及救助机构的规章制度都为其原有的制度目的服务。该制度目的和护理救助的制度目的并不一致。日本的护理救助直接利用了其他现有制度及其配套的服务机构，这就导致在贯彻统一护理救助的制度目的上始终存在问题。

但是反过来说，在上述复杂的制度体系中，面对各种制度目的的差异性，各部门之间需要协调时，日本护理救助构建了一系列值得参考的制度体系：一是管理体系，力图实现分工明确、责任到人；二是受助者信息管理和信息共享体系（护理券的发放、各种给付等档案簿的管理、共享、对照)，力图实现各部门的通力协作及护理救助对象的合理精准；三是救助资金给付的审查支付，针对机构的指导、监察、处罚等制度，力图实现支付合理，贯彻统一制度的目的，正确节流以达到制度的可持续发展，都对我国日益复杂的社会保障制度有一定的借鉴意义。

第九章 日本社会救助及反贫困政策的最新动态

从前八章的介绍我们可以得知，战后日本社会保障制度的建构其实是从社会救助开始的。1945 年 12 月，在战后的社会经济混乱中，日本首先制定了《生活困窘者生活援助纲要》。此纲要的服务对象覆盖了具有劳动能力的失业者，因此，它标志着日本的现代社会救助制度的萌芽。[①] 1950 年，随着（新）《生活保护法》的公布，日本的社会救助制度正式建立。随后，日本经历了经济高速发展、泡沫经济、经济衰退、少子老龄化等社会经济巨变。但这个在 1950 年就已建立起来的制度，竟然直到 2013 年都没经历过大的改革，不得不说是一个“奇迹”。[②] 然而，进入 21 世纪后，日本贫困问题再次显性化，政府开始探索针对贫困边缘群体和儿童的反贫困对策。

第一节 战后日本的贫困问题

一、20 世纪五六十年代：应对低收入阶层

日本最初的厚生白皮书刊于 1956 年，书中提出了“战后时代真的结束了吗”这一质疑，恰如其分地代表了 20 世纪 50 年代厚生劳动省对日本社会贫困问题的

① 田多英範．日本社会保障制度成立史論［M］．光生馆，2009：63.

② 岩田正美．わが国における公的扶助の位置-社会保障・福祉制度の『孤児』として-［M］．一般社团法人日本社会福祉学会，東京：中央法規出版，2012：34.

担忧。虽然日本经济开始好转，踏入了中等国家行列，但经济的二元分化，导致了大量勉强维持最低生活的低收入阶层的出现，他们沉淀在社会底层，却没能很好地接受社会救助。据 1956 年厚生白皮书统计，当年的低收入家庭达到 192 万户，低收入群体有 972 万人，因此，他们的贫困问题已然达到了政府从须介入的临界点。

贫困人口主要可以分为两类人群：一是有劳动能力的，但因从事农业或在小微企业等工作，工资收入较低，属于工作性贫困；二是缺乏就业能力的典型贫困者，即老年人、残疾人或军人遗属家庭成员。针对有劳动能力的，政府强调社会保障要与经济政策、农业政策、劳动政策等紧密配合，发挥政策联动的功效，同时，完善了最低工资制度。针对缺乏劳动能力的，主要以老年人和单亲家庭为对象：对于老年人，提出要完善年金制度；而单亲家庭，这一时期以战争寡妇为主，虽然已有一些儿童福祉政策，但从收入保障的角度来看，完善国民年金制度来解决贫困问题显得十分必要。

此外，这一时期因病致贫的现象也非常突出。受助家庭大多是由于伤病的原因而陷入贫困，白皮书中用“伤病是导致贫困的直接契机”来表述，说明医疗救助是解决因病致贫的重要手段，当时的医疗救助费也大大超过了生活救助费，因此，完善医疗保障体系也成为重要任务。

进入 20 世纪 60 年代后，日本经济进入高速发展阶段，社会保障体系也逐渐完善。随着完全雇佣政策和各种社会保险制度的实施，有劳动力的受助家庭逐渐减少。克服相对贫困观逐渐成为共识，社会救助的标准不断提高。

二、20 世纪 70 年代：受助者质的变化

到了 20 世纪 70 年代，日本社会保障赶超欧美国家已经告一段落，除了社会保险，儿童津贴、老年人医疗免费及高额疗养费制度陆续建立，其他社会保障制度的完善，使得社会救助作为收入保障的功能相对减弱，逐步回归到兜底的功能定位上。

同时，这一时期受助家庭也出现了质的变化，即有劳动能力家庭明显减少，老年人、单亲家庭等社会弱势群体的家庭明显增加。到 1978 年，这类弱势群体的家庭占受助家庭的比例达到了 87.4%。由于这一变化，从这个时期起，是否具有劳

动能力成为了政策的分水岭。对有劳动能力的，强调帮助其自立，包括单亲家庭，而对缺乏劳动能力的，尤其是老年人和残疾人，则通过额外增额标准来扩充给付。

三、20 世纪八九十年代：被忽视的政策角落

20 世纪 80 年代，日本的政策重点是如何应对老龄化，70 年代得以完善的社会保障制度，也随着制度可持续性问题而受到质疑，而不得不进行大幅度紧缩财政。在所谓的临调改革①后，政府对于社会救助的态度可谓 180 度大转变。

首先，强调制度的有效实施。对于非法受助者，要求事后返还救助费用，更重要的是要求相关审查机关进行严格审查，要对防患于未然尽最大的努力。其次，鉴于受助者有长期化的倾向，对有劳动能力者强调通过强化就业指导的方式促进其经济自立，从而退出救助。这些措施实际上是一种有倾向性的对象甄别措施，将那些有劳动能力的人员尽可能地排除在制度之外。事实上到 1986 年，缺乏劳动力的社会弱势家庭占受助家庭的比例达到了 90.8%，并且受助人员总数从 1984 年开始逐年减少。

到了 20 世纪 90 年代，家庭功能的弱化受到了政府及全社会的关注，老龄化及少子化的各种对策被强化。与此相对，社会救助无论在政治上还是在社会上都成了被忽视的角落。受助率不断下降，1995 年创下了 7.0‰最低纪录。而弱势群体家庭中，老年人家庭则占了多数，1997 年占受助家庭的 45%。

四、2000 年以后：重审贫困问题

经历了泡沫经济的崩溃、亚洲金融危机，再加上经济全球化的影响，2000 年以后，日本的经济依然处于低迷阶段。在激烈的全球化竞争中，日本不得不进行了雇佣政策改革，从而导致非正规就业人口大幅增加，动摇了以正规就业为前提的社会保障制度体系。

被忽视的贫困问题在这一时期再次受到关注，2000 年代成为“贫困再发

---

① 日本临时行政调查会为缓解财政压力，吸纳专家组成专家智囊团为政府出谋划策，在社会政策领域进行了一系列的民营化改革。

现”① 时代。所谓“再发现”，是指这一时期，处于劳动年龄阶段具有劳动能力的贫困人员再度增加，这是 2000 年以后日本贫困问题的一大特点。特别是在 2008 年金融危机后，大量的非正规就业者在失去工作的同时，又失去了居住场所，时值新年前夕，东京的市民团体在日比谷公园为他们搭帐篷开设“过年派遣村”②，还提供救助餐。媒体连日报道，通过电视镜头，众多国民认识到在“一亿总中流”③ 的日本，竟然有这么多人无业可就、无家可归，处于极端贫困中，而且都是二三十岁的年轻人。以“过年派遣村”为契机，日本的反贫困市民运动也达到了一个高潮。

2000 年以后日本贫困的另一特点是对儿童贫困的关注。2005 年，日本的总人口开始减少，总和生育率又创下历史新低，日本正式启动培养下一代的系列政策。2009 年民主党执政，次年政府首次公布儿童贫困率，并从儿童健全成长视角，对受助的单亲家庭予以学费等援助，以遏制贫困的代际传递。

以上我们大致回顾了日本贫困问题的焦点变迁，由此可以发现，2000 年以后的贫困问题其实恰是以往社会救助的短板。20 世纪 50 年代的贫困问题是社会问题之首，经过 60 年代的经济高速发展、国民收入的增加和社会保障制度的完善，使得救助对象逐渐集中在就业能力低下的弱势家庭。而八九十年代，经济的滑坡给制度实行带来了压力，为了减少财政支出，社会救助强调自立，但实际上把有劳动能力人员排除在外，包括单亲女性。2000 年的“贫困再发现”，可以说是八九十年代政府无为的结果。然而，60 年代的经济高速发展已不再来临，非正规就业已是不可逆之潮流，再加上人口减少、少子老龄化程度的加剧、家庭保障功能的下降，当今有劳动能力者的贫困问题，不是简单地通过恢复经济就能解决的。而以往的社会救助只依靠增加收入克服贫困的办法，已无法应对贫困者因非正规就业而导致的贫困问题，这就需要在抑制财政负担的同时，采取新的措施来发挥社会救助的兜底作用。

---

① 即解决绝对贫困后的相对贫困问题。

② 过年避难所，属于临时性应急救助。

③ 也称“一亿总中产”，是 20 世纪 60 年代到 80 年代日本国民对自身收入阶层的认识，即便在 1991 年泡沫经济崩溃后，日本的民意调查仍然显示九成的国民认为自己处于中产阶层。

第二节　生活困窘者自立援助制度

一、制度制定的背景

对于生活困窘问题，其实早在2000年，厚生劳动省就已经开始研究了。当时组建了名为"关于需要社会性援助人员的社会福祉方式的研讨会"，此研讨会的报告首次对生活困窘问题进行探讨，从社会排斥、社会孤立角度，指出日本广泛存在无家可归者问题、年轻人生活不稳定问题、孤独死问题、自杀等新的生活困窘问题。同年，日本65岁以上的人口比率已达到了17.3%，社会保障费用不断膨胀，因此，进入21世纪后，日本政府首先是对年金、医疗以及护理保险进行了大幅度改革，而如何应对新的生活困窘问题一时被搁置，直到上述的"过年派遣村"出现，将当代日本的生活困窘者活生生展现在人们面前，才引起了社会广泛关注。"过年派遣村"是一个契机，而导致生活困窘者自立援助制度成立的背景可归纳为以下几点。

（一）非正规就业者的增加

日本最新劳动力调查结果显示，从就业结构来看，2018年，非正规就业的人数达到了2 120万人，比上一年度增加84万人，占就业人数的比例上升到37.9%，比1990年的20.2%增加了近一倍。而正规就业人数为3 476万人，比上一年度增加53万人。非正规就业意味着工资较低，就业稳定性差，很难加入社会保险，特别是如果户主是非正规就业的话，一家人陷入贫困的概率就会变高。

（二）受助家庭的增加

受助人数以1995年的88.2万人为最低谷，之后开始增加。2019年5月的最新数据表明，受助家庭为163.5万户，受助人数达到207.87万人。其中，除了普通家庭、残障家庭及单亲家庭外，被归为"其他家庭"的，即处于劳动年龄且有劳动能力的家庭比例10年间上涨了10%左右。① 针对这类家庭，政府认为有必要在他们陷入贫困之前加强就业指导、就业援助，以便减少他们对生活救助的利用。

（三）援助措施的探索与实践

各级地方政府实施了较多对生活困窘者的援助措施，由内阁府带头提供生活就业一条龙服务、个人援助服务，各地方政府紧随其后，涌现了例如北海道钏路市的中间就业自立援助项目、大阪府丰中市的社区社工服务、滋贺县野州市的市民生活咨询科的综合咨询援助等典型实践事例。这些典型事例为中央政府制定生活困窘者自立援助制度提供了可供借鉴的经验。

2012年，社会保障审议会组建了“关于生活困窘者生活援助应有方式的特别研讨组”，开始探讨具体的实施方案。2013年1月，研讨组提交报告，建议创建生活困窘者自立援助制度及改革社会救助制度，12月生活困窘者自立援助制度创设，同时，社会救助法被修改。2015年4月，自立援助制度正式实施。

二、自立援助制度的概况

（一）自立援助制度的适用对象与功能

自立援助制度对生活困窘者提供自立咨询援助，以及支付住所给付金等其他援助，旨在强化接受救助前的自立援助。援助对象是那些还没接受社会救助，但有可能陷入贫困、通过获得援助能够实现生活自立的低收入者。厚生劳动省列举了长期失业人员、无家可归人员、多重债务人员等。

在以往的社会保障体系中，只有社会保险和社会救助两张“安全网”，没有加入社会保险的群体，等待他们的只有社会救助，而没有其他任何措施。2015年实施的新制度，为了防止处于贫困边缘的低收入者成为救助对象，在已有的社会保险和社会救助之间又添加了一张自立援助的“安全网”，从而使“安全网”由原来的两层变成了三层。另外，自立援助制度并不优先于社会救助制度。这意味着对于已不能维持最低生活水平的贫困人员，不能以利用自立援助制度为由而

① 数据来源于厚生劳働省网站：https：//www.mhlw.go.jp/wp/hakusyo/kousei/19/dl/2-04.pdf；日本厚生労働省．厚生労働白書．令和2年（2020年）版［M］．2020：283-284.

拒绝为其提供社会救助。

自立援助制度的实施主体是各地方政府，以都道府县及市政府为主，具体实施内容包括“必须实施项目”和“任意实施项目”两种。“必须实施项目”又包括“自立咨询援助项目”和“住所确保给付金”，而“任意实施项目”则包括“就业准备援助项目”“临时生活援助项目”“家计改善援助项目”“儿童学习援助项目”等。

（二）必须实施项目

自立咨询援助项目是生活困窘者来咨询后，为其提供有关就业或其他与自立相关的信息，并为其制定有关制度利用的具体计划。受理咨询的是各地的自立援助制度咨询窗口，他们起着把各种资源提供给生活困窘者的纽带作用。

咨询窗口设有主任咨询员、咨询员和就业咨询员，但考虑到各地方政府管辖的人口规模不同，咨询员可兼任就业咨询员。主任咨询员负责对整体援助活动的管理、应对难度较高的援助、地区资源整合以及对咨询员的培训。咨询员针对援助对象进行综合性援助，例如了解其情况，具体制定自立计划，开展定期访问等。就业咨询员负责提高援助对象就业意愿，定期陪同援助对象去职业介绍所，指导求职技巧，以及就业后的跟进访问。

住所确保给付金是针对由于失业而导致居无定所的，且收入在一定标准以下的困窘者，通过提供房租帮助他们获得居所及就业机会。给付对象为 65 岁以下且离职 2 年以内的人，离职前全家生活主要来源依靠申请人，并已在职业介绍所登记，没有领取失业保险等其他与雇佣有关的货币给付。但要获得住房给付金，还必须满足收入、财产、求职活动这三个条件。[①]

第一，申请人当月的家庭总收入要低于标准金额（相当于各市町村免税起征点收入的 1/12）与房租之和，且房租上限为住房救助标准额。例如，东京一级地区一人户的月收入标准为 13. 8 万日元，2 人户为 19. 4 万日元，3 人户为 24. 1 万日元。

第二，家庭储蓄不可超过标准金额的 6 倍，且上限为 100 万日元。家庭人数

---

① 资料来源于厚生劳动省网站：https：//www. mhlw. go. jp/stf/seisakunitsuite/bunya/0000059382. html；日本厚生劳动省发布的《生活困窮者自立支援制度について》的内容。

不同，储蓄限额也不同。同样是东京一级地区，一人户的储蓄限额为50.4万日元，两人户为78万日元，三人户为100万日元。

第三，每月必须至少两次去职业介绍所咨询就业信息，至少四次接受自治体的面试指导，原则上还要每周至少一次去参加应聘。住房确保给付金原则上是提供三个月的房租，如果积极寻找工作，还可以延长三个月，但最多不超过九个月。提供的房租以住房救助标准额为上限，根据家庭收入的多少有所变动。东京1级地单身户的上限为5.37万日元，2人户为6.4万日元。给付金不直接发放给申请人，而是通过银行汇款等方式直接付给房东。住房给付金的申请也是在咨询窗口进行，可视情况提出紧急申请。

以上两项是国家指定的必须实施项目，因此，国库负担份额较高，占总费用的3/4。

（三）任意实施项目

就业准备援助项目以1年为限，对困窘者提供就业所需的技能训练，分为日常生活的自立、社会生活的自立以及就业经验与就业技巧三个阶段。需要注意的是"就业准备"一词，这一项目预想的利用对象并不是通过职业培训马上就可以就业的人，而是连日常生活都不能自立，例如没有良好的生活习惯，或与人较难沟通、很难融入职场的人。通过就业准备援助后，才能帮助他们改善生活习惯，增强融入社会的能力，是接受就业训练的前一个阶段。经过准备援助后，才能进行下一步的就业训练项目，即中间就业项目，最后才能达到一般就业的目标。其中，就业训练项目是由社会福祉法人、消费生活协会、特定非营利法人、株式会社等作为自发项目开发承办，为困窘者提供就业经验。虽然是自发项目，但对一些固定财产、不动产有免税优惠政策，因此，承办就业训练项目的单位需提前申请并经过各都道府县知事的批准。

临时生活援助项目是为居无定所且在生活救助标准以下的生活困窘者所设，在一定期限内提供衣食和住处。这原是针对无家可归的流浪人员的政策，自立援助制度将适用对象范围扩大了。以上两个项目经费的2/3由国库负担。

家计改善援助项目是对生活困窘者家庭的收支管理进行指导以及提供介绍一些福祉性借贷政策等。儿童学习援助项目是为生活困窘家庭的儿童提供学习指导以及与人交流的机会。这两项项目由国库负担费用的一半。

综上所述，自立援助制度其目的在于早期发现潜在的贫困者，通过咨询指导提供以服务为主的综合性的生活援助，一是可以减轻社会救助的负担，二是提高援助对象的自立能力，帮助其尽早融入社会生活。在该制度的设计中，自立咨询援助项目是最关键的，咨询窗口负责发现申请人的困难，整合各种援助项目的资源，提供解决方案，直至其脱离窘境（见图 9-1）。因此，在厚生劳动省的网站上，公开了全国所有咨询窗口的信息，以便国民查询利用。

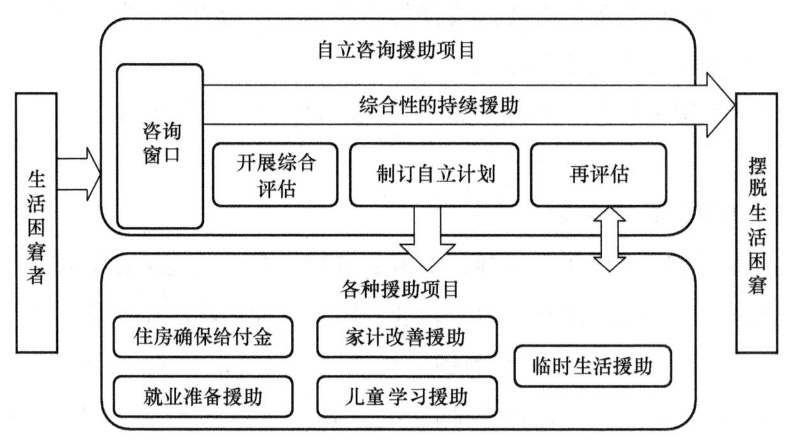

图 9-1　自立援助实施流程

资料来源：厚生劳働省网站：www. mhlw. go. jp.

三、自立援助制度的实施效果及问题

（一）自立援助各项目的运营方式

2019 年是自立援助制度实施的第 5 年，尽管制度实施时间较短，从厚生劳动省公开的最新数据中我们可以看到其实施情况，并了解制度的发展趋势。

第一，总体援助情况。从仅有的 3 年数据来看，每年咨询件数并没有急速增加，但制定计划的件数却大幅增长，并且几乎接受就业援助的人有 3/4 以上能就业或增加收入（见表 9-1）。

表 9-1　　援助件数与人数　　单位：件、人

	接受咨询件数	制定计划件数	就业援助人数	就业人数	收入增加人数
2015 年	226 411	55 570	28 207	21 465	6 946
2016 年	222 426	66 892	31 970	25 588	7 199
2017 年	229 685	71 293	31 912	25 332	6 390

资料来源：厚生劳动省网站数据。

第二，从厚生劳动省每年对地方政府的援助项目调查数据来看自立援助各项目的运营方式。关于自立咨询援助项目，从图 9-2 显示的项目运营方式可以看到，直接运营的项目从 2015 年的 40. 3%下降到 2018 年的 35. 1%，与此相对，同期委托其他机构运营的项目则从 48. 9%上升到 54. 7%，委托运营成了主流方式。而在受托机构中，社会福祉协议会占了绝大多数，其次是 NPO 法人（见表 9-2）。

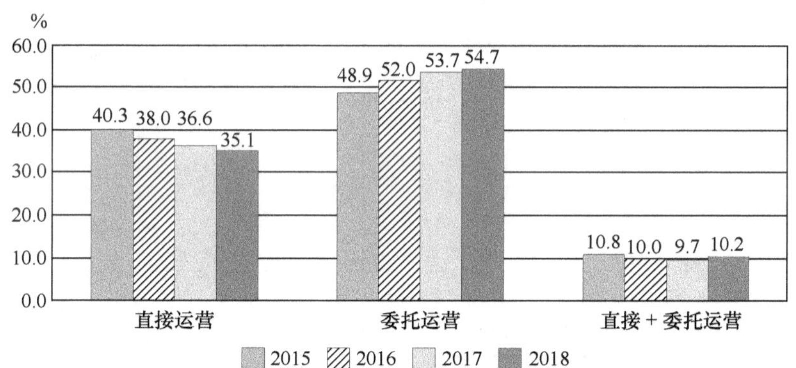

图 9-2　自立咨询援助项目的运营方式

资料来源：厚生劳动省历年实施状况的调查数据。

表 9-2　　委托机构占比　　（%）

年 \ 机构	社会福祉法人（除社协）	社会福祉协议会	医疗法人	社团法人财团法人	株式会社	NPO 法人	生协等协同组合	其他
2015 年	8. 0	76. 0	0. 0	6. 7	6. 3	12. 6	0. 0	3. 0
2016 年	8. 1	76. 3	0. 0	6. 1	5. 9	13. 8	0. 0	4. 1
2017 年	8. 4	77. 3	0. 2	5. 8	6. 5	11. 4	1. 9	1. 6
2018 年	8. 7	76. 2	0. 2	6. 0	5. 8	11. 8	2. 2	2. 6

资料来源：厚生劳动省 2015—2018 年自立援助项目运营状况调查数据。

（二）自立咨询援助项目的人员配置

工作人员的多寡和业务素质的高低是决定项目实施效果的重要因素。制度实施至今，咨询员与就业咨询员增幅较大，究其原因，从表 9-1 中的制订计划件数增长推测，业务量增加是原因之一。而责任较重的主任咨询员虽然人数基本持平，但 2018 年的数据表明专任比例明显上升（见表 9-3）。再从咨询员持有的资格来看，2018 年持有社会福祉士资格的最多，在主任咨询员、咨询员及就业咨询员中各占 44.6%、32.9% 和 20.7%，其次是社会福祉主管资格，分别占 39.5%、25.6%和 19.4%。

表 9-3　　咨询员配置人数　　（单位：人、%）

	2015			2016			2017			2018		
	合计	专职	兼职	合计	专职	兼职	合计	专职	兼职	合计	专职	兼职
主任咨询员	1 257	649 (51.6)	608 (48.4)	1 281	508 (39.7)	773 (60.3)	1 248	510 (40.9)	738 (59.1)	1 260	893 (70.9)	367 (29.1)
咨询员	2 284	1 005 (44.0)	1 279 (56.0)	2 660	1 075 (40.4)	1 585 (59.6)	2 734	1 053 (38.5)	1 681 (61.5)	2 998	1 771 (59.1)	1 227 (40.9)
就业咨询员	1 698	388 (22.9)	1 310 (77.1)	1 831	323 (17.6)	1 508 (82.4)	1 859	289 (15.5)	1 570 (84.5)	1 981	840 (42.4)	1 141 (57.6)
其他事务员等	—	—	—	445	71 (16.0)	374 (84.0)	449	87 (19.4)	362 (80.6)	567	185 (32.6)	382 (67.4)

资料来源：根据日本厚生劳动省网站发布的历年自立咨询援助实施状况调查数据所制。

相对于必须实施项目，任意实施项目的设立与否取决于地方自治体。总体来看，所有任意项目，实施的地方自治体都在增加。其中，实施儿童学习援助的自治体最多，2018 年达到 536 个，其次是就业准备援助，达到 435 个（见图 9-3）。2018 年厚生劳动省对全国 902 个自治体进行了调查，结果表明各任意实施项目的比例由高到低分别为，儿童学习援助占 59 %，就业准备援助占 48%，家计改善援助占 45%，临时生活援助占 31%。任意 4 项目的全国平均实施率为 46%，从图 9-4 中我们可以看出各地之间还是有很大差异的。做得最好的是熊本，被调查的县内所有自治体都实施了 4 个项目，实施率为 100%。接下来是大阪、京都、长野和东京，实施率在 70%以上。实施率最低的是佐贺和长崎，只有 23%，与同

是九州地区的熊本形成了鲜明对比。

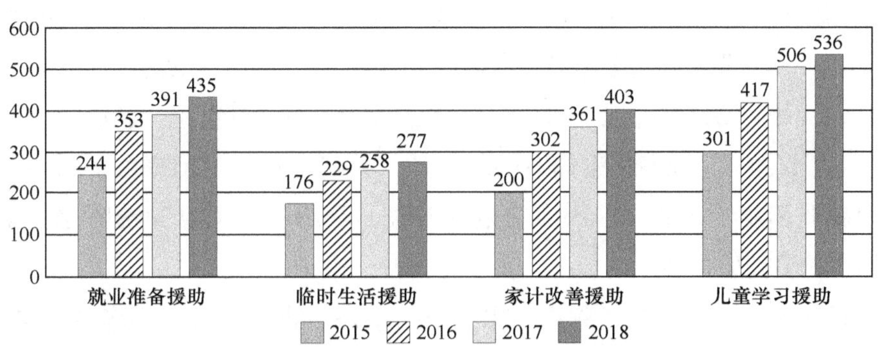

图 9-3　实施任意四个项目的地方自治体数量

资料来源：厚生劳动省 2018 年的调查数据。

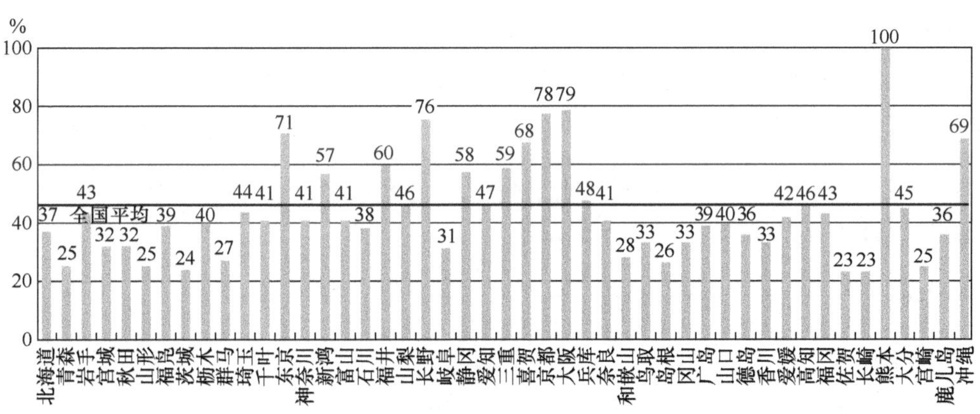

图 9-4　各地 4 个任意项目的实施比率

资料来源：厚生劳动省 2018 年的调查数据。

（三）自立援助制度的利用者概况

新自立援助制度是针对生活困窘者而设立的，实际上是哪些人到窗口咨询，他们本身的问题是什么，我们从 2017 年公布的调查报告来窥探一二。①

① みずほ情報総研（2017）发布的《生活困窮者自立援助制度の自立相談援助機関における援助実績の分析による援助手法向上に向けた調査研究事業報告書》。

从性别来看，初次到窗口进行咨询的男性占多数，为58.1%，女性为39.8%。以40~49岁的年龄段居多，占全体的20.7%；其次是65岁以上的老年人，为19.2%。分性别、分年龄段来看，以40~59岁的无业男性为最多，占到整体的21.4%。婚姻状况以“未婚”居多，占27.3%；其次是“已婚”占17%，“离婚”占16.4%。他们来咨询时的现状是，感到“经济上困窘”的占46.4%，感到“就业困难”的占23.6%，有病在身的占20.6%。而且无论哪个年龄段，经济困窘是咨询的主要原因。

他们咨询的内容，以“收入、生活费”居多，占57.1%；其次是“就业”，占39%；再次是“住房”，占26.9%。由此可见，该制度所设立的援助项目具有较强的针对性。从利用援助服务期限长短的情况看，就业准备援助的援助期间121天以上为最多，占37.6%；临时生活援助91~120天为最多，占41%；家计改善援助5个月以上为最多，占53.6%。

在接受援助服务后，95.6%的男性和92.8%的女性表示自己的生活有所变化。从经济上的变化来看，最大的变化是男女都有30%以上的人找到了工作（见图9-5）。从其他变化来看，获得了固定居所是最大的变化，精神安定和自立意愿加强也有较大的改善（见图9-6）。

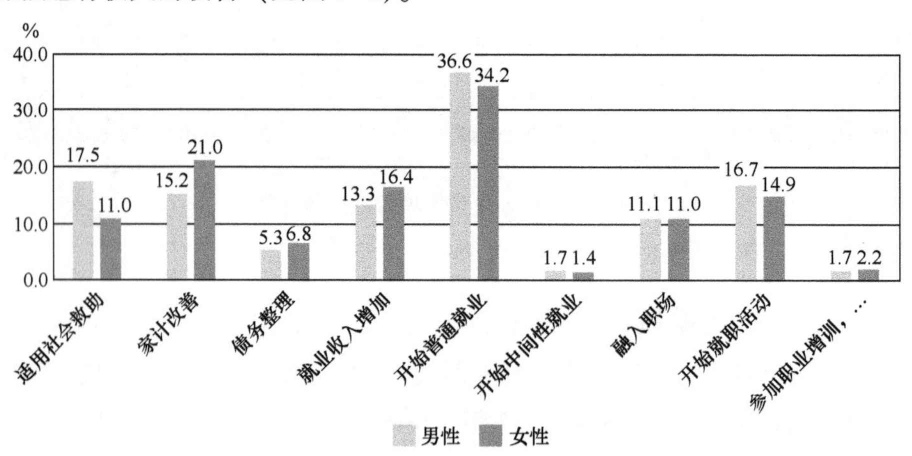

图9-5　接受援助后的经济上的变化

资料来源：日本瑞穗信息总研2017报告书。

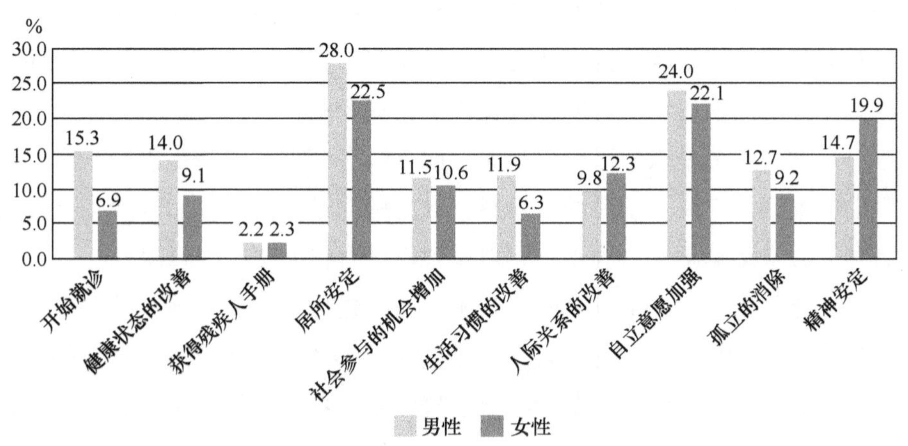

图 9-6　接受援助后的其他变化

资料来源：日本瑞穗信息总研 2017 报告书。

结果表明，自立援助制度提供了有效的帮扶服务，不仅帮助前来寻求援助的人找到工作，提供了生活手段，还给他们带来了物质上和精神上的改善，这些都是可以肯定的成果。

四、自立援助制度的意义和今后的课题

（一）生活困窘者自立援助制度的实施

2008 年的金融危机后，有劳动能力的年轻贫困者成了社会关注的焦点，以“过年派遣村”为契机拉开了日本新时代反贫困的序幕。实施于 2015 年的生活困窘者自立援助制度，可以说是这一探索过程中的一个产物。

反贫困政策，从社会保障角度来看，分为事先防贫的社会保险和事后扶贫的社会救助，其中社会救助则是兜底的最后一张安全网。从各国的社会救助制度来看，这些制度针对的都是已陷入贫困的人群，通过家庭财产调查，来确定他们的受助资格。因此，各国的社会救助也面临着同一问题，即贫困边缘人群应该如何应对。不管贫困线如何调整，总有贫困边缘人群存在，让他们都享受救助是不现实的。而且日本的新贫困人群出现在有劳动能力的年轻人身上，如果他们完全依靠救助，不仅纳税人不同意，也是劳动资源的浪费，更何况日本已出现了总人口

减少问题。生活困窘者自立援助制度的创立不仅使日本的社会保障体系在结构上发生了重大变化，安全网从两层变为三层，起到了加固生活保障的作用，而且给各国在如何应对贫困边缘人群问题上提供了宝贵经验。

第一，此制度不是以货币给付为主，而是以咨询方式的服务援助为主。比起社会救助的家庭财产及受助后的自卑感，自立援助是从窗口咨询开始，并按情况提供各种资源来缓解困境，利用者相对来说不会有很大的心理障碍。

第二，此制度应对的不仅是收入贫困，而是包括支出型贫困、社会孤立等多种贫困状态。当代贫困问题的特征就是多样性、复杂性，导致贫困的原因很多，贫困本身也表现出多元性、复杂性。自立援助制度着眼于长期援助，设立了各种援助项目，帮助利用者一一解决贫困根源，经过日常生活自立、社会生活自立、就业自立三个阶段，最终使其脱离困境。援助过程中，为其量身定做援助计划，并通过后期随访、跟进调查，随时修改援助计划，以便达到更好的援助效果。

新制度是在 2009 年的民主党执政开始被提上议程的，但在 2012 年的大选中，自民党和公明党获胜。自、公两党政权在选举时就表明要紧缩社会救助，所以，虽然自立援助制度得以实施，但同时政府加大了对社会救助制度的改革力度。改革内容主要分为以下三点。其一，重新核算各项救助标准。从 2013 年开始，逐步调整生活救助标准，同年导入社会救助专用 CPI 指数，2015 年对冬季取暖费进行了削减，下调了住房救助标准。生活救助标准的下调对单亲家庭的冲击最大，厚生劳动省的调查显示，40%的单亲家庭每月的生活救助费减少了 1 万至 2 万日元。而住房救助标准的下调使得超出标准的受助家庭达到了全体的 44.5%，除了一些特殊原因搬家有困难的，这些家庭被迫搬离廉租住房。其二，促进就业自立。2014 年新设就业自立给付金，旨在提高就业脱贫的积极性。对就业脱贫的人，在他们办完脱贫手续后，会一次性获得 10 万到 15 万日元就业自立资金。其三，严格取缔不正当受助。各地方政府的调查权限被扩大，可对受助者开展就业、赡养或抚养状况的调查。而受助者也有义务提交本人的财产、收入及家庭赡养、扶养状况等书面材料。被发现有不正当领取救助金行为的，可处 3 年以下有期徒刑，最高可罚款 100 万日元。

从改革内容来看，削减费用无疑是社会救助改革的主要目的之一。因此说，自立援助制度虽然在反贫困政策上有所创新，但援助内容的扩充却伴有削弱社会救助之嫌。①

（二）生活困窘者自立援助制度的未来课题

1. 自立援助制度与社会救助的一体化管理

自立援助制度虽说是针对贫困边缘人群，但实际上来咨询的人中有一部分与社会救助对象是重叠的。据厚生劳动省 2016 年的调查，在首次来咨询的 19 009 件案例中，有 2 164 件（占 11.4%）被认定需要社会救助。这也说明，既然自立援助制度和社会救助都是维持最低生活的安全网，因此，有必要在这两个制度的管理上做到信息共享，做到一体化管理。现在有的地方政府是在社会救助窗口里增设咨询窗口，不论咨询的结果如何都能随时应对。但大多政府都委托其他机构运营，如果咨询窗口与社会救助窗口离得很远的话，会给咨询者带来不便，也会降低信息传递的效率。

自立援助和社会救助在制度文本上将二者的功能界限划分得很清楚，但在实际操作上，二者的界线划分却没有那么明晰。例如，来咨询后被确定有受助资格，但申请完毕后到救助费发放一般依两个星期乃至一个月的等待期。有的咨询事务所为了保持明确界限，就禁止跟踪援助，但也有自治体继续实行援助服务。今后，在制度管理上、援助方式上如何做到无缝隙对接，还需要进一步探讨。

2. 完善援助机制

2000 年后，在地方分权的形势下，自立援助制度也被作为政府实现“地区共生社会”的一个重要支柱。虽然有国库承担费用的一部分，但各地方政府还是要相应的负担项目费用。此外，各地对制度的执行力度不太相同，因此，2018 年的任意实施项目的全国平均实施率只有 46%。提高项目的实施率显得很重要，但要实现“地区共生”，不能仅依靠政府，还要积极利用民间组织的力量。例如，作为提供援助服务的自立援助制度，是不提供给咨询人现金给付的。有很多非营利组织开展的餐食银行、儿童食堂等活动，有效地解决了咨询人的燃眉之急。因此，对生活困窘者的援助，不仅要充实现行制度，还要发动社会资源，形

---

① 在制度成立初始，日本辩护律师联合会就批判说，自立援助制度有抑制社会救助制度之嫌，本该受助的人接受不了救助的话，就是侵犯制度利用权。

成官民互动的地区援助机制。

3. 咨询员的人才培养

提供确切有效的援助服务，需要有资质的现场咨询员。尤其是近年来贫困问题日益呈现多样性、复杂性的特点，对咨询员也提出了更高的要求，需要能应对各种情况。并且，来咨询的可能仅是一个人，但其实要解决的是整个家庭的困境，只有充分掌握综合情况，才能制定更符合实际的援助计划。例如，近几年有一些中年无业人员带着孩子与父母同住，靠父母的年金生活，出现了一家三代贫困的代际传递问题。因此，不仅要帮助中年人就业，还要帮助其父母和孩子。这就需要咨询员有较强的业务能力和业务素质。鉴于许多地方政府委托其他机构运营自立咨询援助项目，只有确保咨询员的配置人数，培养更多有能力的、有资质的咨询员，才能为制度实施提供强有力的人力支持。

第三节　儿童贫困对策

一、儿童贫困对策的实施背景

战败之后的日本，有许多战争孤儿流落街头，单亲家庭生活艰辛，儿童与单亲家庭成员成为反贫困的主要对象。之后对单亲家庭的政策转变为通过支持就业来实现生活自立，并辅之金额不多的福利津贴。儿童贫困再次受到关注是从 2008 年开始，众多媒体及出版的书籍都以儿童贫困为主题。次年，执政的民主党首次公布了相对贫困率和儿童贫困率。相对贫困率高达 16.0%，创下 1985 年调查以来的最高值，而儿童贫困率同样创下历史新高，达到 15.7%，在当时 34 个经合组织国家中排名倒数第 10 位。不仅如此，儿童贫困率在 2012 年再创新高，上升到 16.3%，这意味着平均每 6 个孩子里就有 1 个是贫困儿童。日本作为当今世界的第三经济大国，竟然有如此严重的贫困问题。于是，次年 6 月，日本政府制定了《关于促进儿童贫困对策的法律》（以下简称《儿童贫困对策法》），并于同年 12 月正式实施。2014 年 8 月又颁布了《关于儿童贫困对策的大纲》，即具体的政策方案。

二、贫困家庭的儿童升学现状

有关贫困儿童，一般会认为是由于经济原因，他们吃穿不如一般儿童，或是不能升学而导致学历低下，找不到好工作从而走向困境之路。事实上，贫困家庭的儿童升学率的确较低。如图 9-7、图 9-8 所示，受助家庭的儿童不论在大学（包括大专）升学率上还是在高中升学率上都要低于非受助家庭。2017 年，受助家庭的大学升学率只有 35.3%，是各类家庭总计的一半以下，就连高中升学率也要低约 6 个百分点。另外，各类家庭总计的儿童高中辍学率只有 1.3%，但受助家庭这一比率却高达 4.1%。

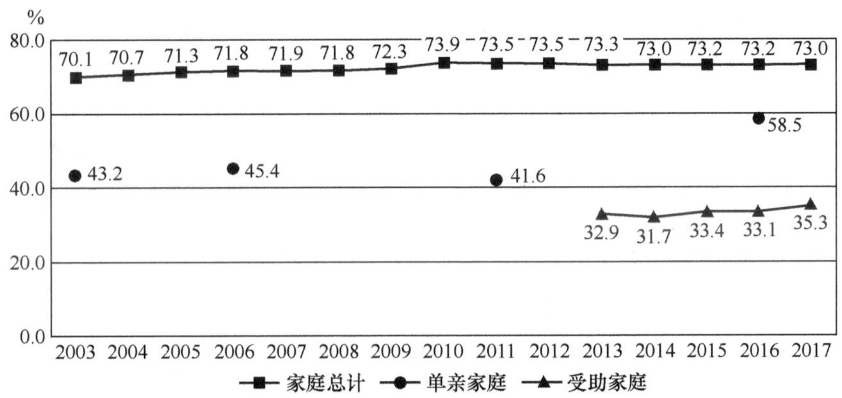

图 9-7　不同家庭类型的大学升学率

资料来源：内阁府第六次“儿童贫困对策相关会议”的资料。

图 9-7 和图 9-8 由于统计数据来源于不同的调查，不具备完整年份的比较条件，但贫困儿童的问题绝不仅仅是由于经济原因，他们幼时所处的环境会限制他们将来的发展能力，因此，导致升学率低的部分原因是他们本身的学习能力不足。

2016 年，东京在其管辖的 4 个特别区中，抽选 10~11 岁，13~14 岁以及16~17 岁三个年龄段的儿童及其家长进行了调查。调查发现，收入越低，儿童的学习能力也越差（见图 9-9、图 9-10）。小学五年级的贫困阶层儿童中，“不怎么懂”“有很多不懂”“几乎都不懂”的比例上升到 28.7%，进入中学后，上升到

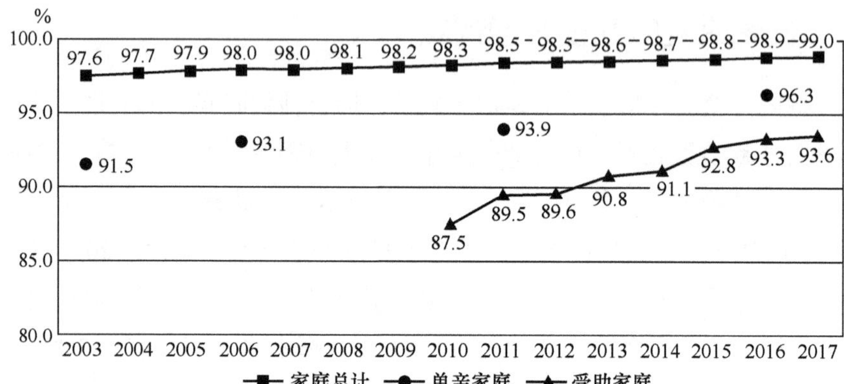

图 9-8　不同家庭类型的高中升学率

资料来源：内阁府第六次“儿童贫困对策相关会议”的资料，断点的原因是该时间区间无统计数据。

51.5%，进一步拉大了与一般阶层的差距。而日本的儿童贫困对策正是以帮助他们提高学习能力为主要导向的政策。

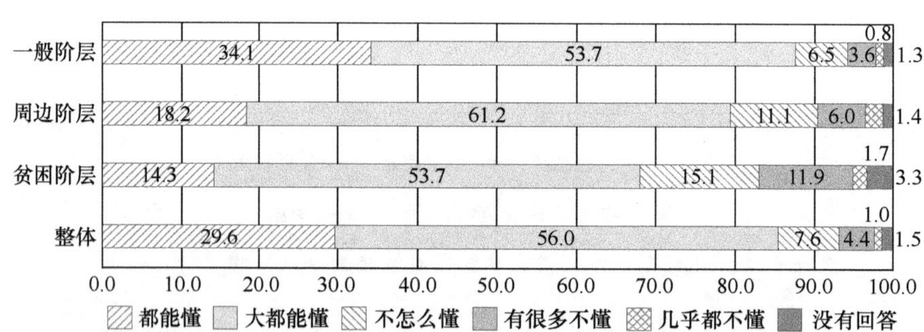

图 9-9　分不同收入阶层的小学五年级儿童的学习情况

资料来源：东京都福祉保健局 2016 年《儿童的实际生活情况调查》。

三、儿童贫困对策法

《儿童贫困对策法》在第 1 章第 1 条中规定，此法是以综合推进儿童贫困对策为目的，具体体现在：一是“为了儿童的将来不被其成长环境所左右，为贫困状态的儿童改善生存环境，使他们能够健康茁壮地成长”；二是为了实现教育机

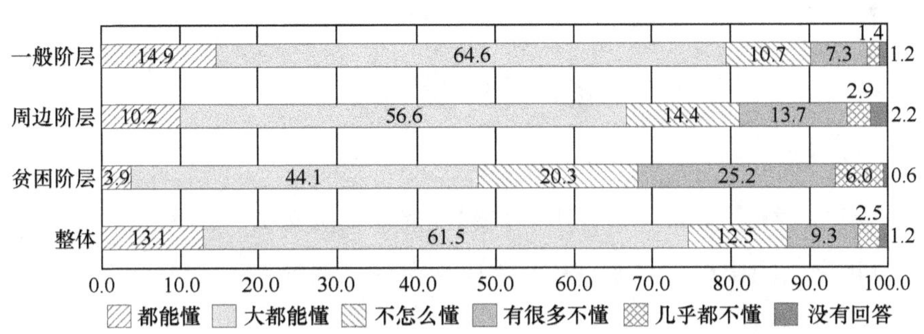

图 9-10　不同收入阶层的中学二年级儿童的学习情况

资料来源：东京都福祉保健局 2016 年《儿童的实际生活情况调查》。

会的均等。可以看出，改善贫困儿童的生活环境，为其提供教育保障是此法的两大主要目的。2014 年的大纲也遵循了此原则，以教育援助和生活援助为主。

儿童贫困对策主要有以下三个方面的内容：一是教育援助，扩充学校社会工作者的人员配置，免收幼儿园和保育园费用（2019 年 10 月开始全面实行），设立给付性质的奖学金等。对于生活困窘者自立援助制度的儿童学习援助也是重要内容。二是生活援助，充实自立援助项目和保育政策。三是经济援助，增加了第二和第三个孩子的儿童抚养津贴。

与生活困窘者自立援助制度一样，儿童贫困对策也不是以现金给付为主，而是以服务援助为主。这表明 2000 年以后，日本的反贫困对策由以现金给付为主的社会救助和以服务援助为主的自立援助制度构成。从今后的趋势来看，自立援助是被强化的重点，服务援助能够应对更广泛的贫困问题，而为贫困人员提供最低生活保障则只能起到兜底作用。最理想的做法是在确保最低生活的基础上，加强各种援助，这意味着经费的增加。如何才能实现既不增加财政负担，又能确实保障贫困人员的最低生活水平，这是日本社会所面临的难题与挑战。

参考文献

[1] 阿部裕二. 社会保障（第6版）[M]. 東京：弘文堂，2019.

[2] 坂口正之，冈田忠克. よくわかる社会保障（第5版）[M]. 京都：ミネルヴァ書房，2018.

[3] 仓田聡. 社会保障法（第2版）[M]. 東京：有斐阁，2004.

[4] [日] 桑原洋子. 日本社会福祉法制概论 [M]. 韩君玲，邹文星，译. 北京：商务印书馆，2010.

[5] 黑田有志弥，柴田洋二郎，岛村晓代，等. 社会保障法 [M]. 東京：有斐阁，2019.

[6] 荒木誠之. 生活保障論（第二版）[M]. 東京：法律文化社，2002.

[7] 加藤智章，菊池馨实，仓田聡，等. 社会保障法（第7版）[M]. 東京：有斐阁，2019.

[8] 駒村康平，田中聡一郎. 検証・新しいセーフティーネット一生活困窮者自立援助制度と埼玉県アスポート事業の挑戦 [M]. 東京：新泉社，2019.

[9] 菊池馨实. 社会保障法（第2版）[M]. 東京：有斐阁，2018.

[10] 笠木映里，嵩さやか，中野妙子，等. 社会保障法 [M]. 東京：有斐阁，2018.

[11] 社会福祉士养成讲座编辑委员会. 低所得者に対する援助と生活保護制度（第5版）[M]. 東京：中央法規，2019.

[12] 神野直彦，山本隆，山本恵子. 貧困プログラム一行財政計画の視点から [M]. 東京：関西学院大学出版会，2019.

[13] 伊藤秀一. 低所得者に対する援助と生活保護制度（第3版）[M]. 東京：弘文堂，2015.

[14] 斎藤純一. 支える連帯と再分配の政治学 [M]. 東京：立教大学出版社，2016.

[15] 朱珉. 生活保護制度 [M] //田多英範. 厚生（労働）白書を読む. 京都：ミネルヴァ書房，2018.

[16] 島崎謙治. 少子高齢化・財政危機時代にあるべき日本の医療政策とは [J]. medical confidential，2018（3）：54-56.

[17] 福井唯嗣. 市町村国保財政都道府県別将来推計 [J]. 京都産業大学論集，2015：15-38.

[18] 菊地英明. 消費の社会的強制と最低生活水準 [J]. 社会保障研究（日本），2010，46（2）：101-110.

[19] 内藤俊介. 生活保護の現状と課題 [J]. 立法と調査，2012（331）：78-100.

[20] 齊锐. 生活保護制度の問題点と今後の展望 [J]. 香川大学経済政策研究，2015（11）：159-17.

[21] 西澤いづみ. 1950年代の京都西陣地域における医療供給と受療の乖離-住民と医療者による医療扶助獲得運動を中心に- [J]. 保健医療社会学論集，2017（27）2：67-76.

[22] 熊谷成将. 医療扶助の実証分析 [J]. 医療と社会，2002（12）3：39-59.

[23] 厚生労働省. 生活保護受給者の健康管理と医療扶助費の適正化について [C]. 社会保障審議会. 生活困窮者自立援助及び生活保険部会（第8回），2018.

[24] 厚生労働省社会援護局. 生活保護制度における医療扶助費の地域差などに関する分析 [C]. 2017.

[25] 厚生労働省社会援護局. 生活保護による医療扶助運営要領について [C]. 社援発0928第5号，2018.

[26] 日本の生活保護基準 [N]. 朝日新聞，1983-12-24.

[27] 日本生活保護手帳別冊問答集（2018年度版）[M]. 東京：中央法规，2018.

[28] 日本生活保護手帳別冊問答集（2019年度版）[M]. 東京：中央法规，2019.

[29] 日本生活指南（2018、2019年度版）[M]. 東京：中央法规出版社，2019.

附录　相关申请格式　表格1~6

附录表1　　社会救助申请书的格式

［正面］

年　　月　　日

（收件人信息）　市福祉事务所所长

申请者　住址

姓名

与受助者的关系________

救　助　申　请　书

以下填写无误，方可申请社会救助。

申请救助的理由（对就业状况、存款等状况、财产状况（土地、房屋）、亲属的经济援助等如实具体地填写）

［背面］

<table>
<tr><td colspan="3">现住所
市　　町　　丁目　　番
号　　番地</td><td colspan="6">现住所入住时间

年　　月　　日</td></tr>
<tr><td rowspan="9">家庭成员的状况</td><td>成员</td><td>姓名和证件号</td><td>亲属关系</td><td>性别</td><td>出生年月日</td><td>学历</td><td>健康状态</td><td>职业・工作地</td></tr>
<tr><td>1</td><td></td><td>户主</td><td></td><td></td><td></td><td></td><td></td></tr>
<tr><td>2</td><td></td><td></td><td></td><td></td><td></td><td></td><td></td></tr>
<tr><td>3</td><td></td><td></td><td></td><td></td><td></td><td></td><td></td></tr>
<tr><td>4</td><td></td><td></td><td></td><td></td><td></td><td></td><td></td></tr>
<tr><td>5</td><td></td><td></td><td></td><td></td><td></td><td></td><td></td></tr>
<tr><td>6</td><td></td><td></td><td></td><td></td><td></td><td></td><td></td></tr>
<tr><td>7</td><td></td><td></td><td></td><td></td><td></td><td></td><td></td></tr>
<tr><td>8</td><td></td><td></td><td></td><td></td><td></td><td></td><td></td></tr>
</table>

<table>
<tr><td rowspan="4">住在其他地方的家庭成员基本情况</td><td>姓名</td><td>亲属关系</td><td>出生年月日</td><td>住所</td><td>职业・就业地点</td></tr>
<tr><td></td><td></td><td></td><td></td><td></td></tr>
<tr><td></td><td></td><td></td><td></td><td></td></tr>
<tr><td></td><td></td><td></td><td></td><td></td></tr>
</table>

要救助者的情况	姓名	亲属关系	出生年月日	住所	至今接受过的救助及对未来受助的期望

（注意）

1. 关于财产、收入等的详细状况以及向相关单位征求的意见，请分别填写在另外的纸上。
2. 申请者和需要救助者不一致的情况下，需要附上要救助本人填写的申请。
3. 该申请书在开始、变更的情况下都可以使用，如果是变更申请的话，请填写变更相关的事项。
4. 申报不实而受到不正当救助的情况下，依据社会救助法第 85 条或刑法的相关规定会受到相应的处罚。

附录表 2　　　　财产申报书的格式

［正面］

资　产　申　报　书

年　　月　　日

（收件人信息）　市福祉事务所所长

申请者　住址

姓名

现在我的家庭财产的持有情况，如下所示。

1. 不动产

			总面积（平方米）	所有者姓名	所　在　地	抵押权
土地	（1）宅地	有・无				有・无
	（2）田地	有・无				有・无
	（3）山林 其他	有・无				有・无
建筑	（1）居住用 有・无	房产・租房・租房间	总面积（平方米）	所有者姓名	所在地	抵押权
					（房租金　　日元）	有・无
	（2）其他	有・无				有・无

（填写时请仔细阅读背面的填写注意事项。）

［背面］

2. 现金・存款、有价证券等

现金	有・无				日元
存款	有・无	存款银行	账户号码	账户姓名	存款金额
					日元

有价证券	有・无	种　　类	面　　额	估算金额
				日元
人身保险	有・无	合同方	合同金	保险金
			日元	日元
其他保险	有・无			

3. 其他财产

汽车（包括摩托车）	有・无	使用状况	所有者姓名	车种	排气量	购买年度及型号
		使用・未使用				
贵金属	有・无	物品名称（估算金额　　　日元）				
其他高价物品	有・无	物品名称（估算金额　　　日元）				

4. 负债（借款）

有·无	金　　额	借　款　方
	日元	

（填写注意事项）

1. 这张申报书请由申请救助者填写。
2. 请用○把财产材料的有无圈起来。关于土地、租地等的情况也请填写。
3. 用○圈起来的财产，请按下面要求填写。

（1）如果拥有多个相同类型的财产，请全部填写。

（2）有价证券如“股票、国债”等的估算金额，请填写现在出售的大致金额。

（3）请将贵金属填写为，如“钻石戒指”等物。

4. 填写不下的情况下，请在空白处填写，或者在另一张纸上填写并在提交申请时附上。
5. 申请不实而受到不正当救助的，会依据社会救助法第85条或刑法的规定实施处罚。

附录表 3　　收入申报书的格式

[正面]

收入申报书

年　月　日

（收件人信息）　市福祉事务所所长

申请者　住址

姓名

我的家庭的总收入，如下所示。

1. 劳动收入

<table>
<tr><td rowspan="2">工作者
姓名</td><td rowspan="2">工作内容
工作地点
（公司名）等</td><td rowspan="2">分类</td><td>当月</td><td colspan="6">前 6 个月</td></tr>
<tr><td>（期望额度）</td><td>（3）
月</td><td>（2）
月</td><td>（1）
月</td><td>（12）
月</td><td>（11）
月</td><td>（10）
月</td></tr>
<tr><td rowspan="3"></td><td rowspan="3"></td><td>收入</td><td></td><td></td><td></td><td></td><td></td><td></td><td></td></tr>
<tr><td>必要经费①</td><td></td><td></td><td></td><td></td><td></td><td></td><td></td></tr>
<tr><td>就业天数</td><td></td><td></td><td></td><td></td><td></td><td></td><td></td></tr>
<tr><td rowspan="3"></td><td rowspan="3"></td><td>收入</td><td></td><td></td><td></td><td></td><td></td><td></td><td></td></tr>
<tr><td>必要经费②</td><td></td><td></td><td></td><td></td><td></td><td></td><td></td></tr>
<tr><td>就业天数</td><td></td><td></td><td></td><td></td><td></td><td></td><td></td></tr>
<tr><td rowspan="3"></td><td rowspan="3"></td><td>收入</td><td></td><td></td><td></td><td></td><td></td><td></td><td></td></tr>
<tr><td>必要经费③</td><td></td><td></td><td></td><td></td><td></td><td></td><td></td></tr>
<tr><td>就业天数</td><td></td><td></td><td></td><td></td><td></td><td></td><td></td></tr>
<tr><td rowspan="3">必要经费
（上个月）
的主要内容</td><td colspan="9">①</td></tr>
<tr><td colspan="9">②</td></tr>
<tr><td colspan="9">③</td></tr>
</table>

2. 从养老金·年金等获得的收入

<table>
<tr><td>有
·
无</td><td>基础年金、年金、养老金、儿童津贴、儿童抚育津贴、
特别儿童抚育津贴、就业保险、伤残津贴
其他（　　　　　　　　　　　　　　　）</td><td>收
入
额</td><td>月额　　　日元
年额　　　日元</td></tr>
</table>

（填写时请仔细阅读背面的填写注意事项。）

［背面］

3. 从汇款获得的生活收入（请填写前 6 个月的总计）

有·无	分类	内容	汇款者的姓名
	货币收入	日元	
	实物收入	大米·蔬菜·鱼类和贝类（请用○圈上收到的物品）	

4. 其他的收入（请填写前 6 个月的合计数）

有·无		内容	收入
	人身保险等保险金		日元
	财产性收入（土地、房屋的租赁金等）		日元
	其他		日元

5. 其他在未来可能获得的收入（上述 1-4 中填写的除外）

有·无	内容	收入期望额
		日元

6. 无劳动收入者（正在接受义务教育的，不需要填写）

姓名	无劳动收入的理由

（填写注意事项）

1. 这张申报书请由申请救助者填写。

2. “1. 劳动收入”请按工资、日工资、副业、农业、实业等收入类型填写。

3. 关于农业收入，请只把前 1 年的总收入填写在当月的栏里。

4. 请在必要经费栏中填写获得收入所需的交通费、材料费、采购费、社会保险费等经费总额。

5. 关于 2~5 的收入，请用○按有无圈起来。如果用○圈起来的话，请在其右侧的栏里对应填写内容。

6. 写不下的情况下，请在空白处填写，或者在另外另一张纸上提交时附上。

7. 有收入证明等的文件（例如工作单位的工资证明、各种保险支付通知等），请务必附加在申请书中。

8. 申请不实而得到不正当救助的，会依据社会救助法第 85 条或刑法的规定接受处罚。

附录表 4　　调查意见书的格式

［正面］

调查意见书

为了符合社会救助法（以下简称为“法”）的条件，并按法第 77 条或第 78 条的规定实施救助，需要如实申报我和我的家庭成员的收入及财产情况。将按照政府部门、市福祉事务所、日本年金机构或共济组合等（以下简称为“官公署等”）要求提交的必要资料，银行、信托公司、保险公司、证券公司或我及家庭成员的所在单位、其他的相关人员（以下简称为“银行等”）等的相关材料，本人将按要求如实申报并提交。

另外，本人也将应市福祉事务所的调查或申报的要求，如实向官公署等及银行等、将我和我的家庭成员情况图示提交我的意见。

· 姓名及住址或住处

· 财产及收入的状况（包括创业或就业或求职活动的情况、扶养义务者的扶养状况及其他法律规定的受助情况）

· 健康状况

· 其他救助实施部门的救助决定及实施情况

· 支出的情况

※ 救助停止后，姓名及住址或住所、健康状态以及其他救助的实施机构除外，提供受助的期限。

年　　月　　日

户主　　住所　　市　　町　　丁目　　番　　号

番地

姓名

家庭成员　　姓名　　（监护人　　）

姓名　　（监护人　　）

姓名　　（监护人　　）

姓名　　（监护人　　）

姓名　　（监护人　　）

姓名　　（监护人　　）

※家庭成员未成年的，由监护人填写

（收件人信息）　市福祉事务所所长

［背面］

（参考）社会救助法

第 29 条　救助的实施机构及福祉事务所所长认为，为了获得救助或实施救助或者按照法第 77 条或第 78 条的规定，对贫困者进行救助认定，关于符合以下各项规定的，要填写相应的内容，对政府部门、日本年金机构或国民年金法（昭和 34 年法律第 141 号）第 3 条第 2 款规定的共济组合等（以下简称为「共济组合等」）等要求提供的资料，要按要求如实申告银行、信托公司、就业单位、其他相关人员的情况。

一、贫困者或受助者的姓名及住址或住处、财产及收入的情况、健康状况、其他救助实施机构实施救助的决定及实施情况。以及其他政令规定的事项（对于再次申请救助的贫困者，除了姓名及住所、健康状况，以及其他救助的实施机构的救助决定和实施状况以外，仅提交受助期间的相关资料。）

二、前项所提及的扶养义务者的姓名及住址或住处、财产及收入的情况、其他政令规定的事项（对于曾经的扶养义务者，除了姓名及住址或住所，仅提供被扶养期间的相关资料。）

附表第一栏中提到的政府部门的负责人、日本年金机构或共济组合等，分别对应填写表下栏中提到的事项，依据救助实施机构或福祉事务所长的要求，按照前项的规定，应快速地记录相关信息，或是获取对记录资料的阅览，或提供相关资料。

附录表 5　　救助变更申请书（伤病报告）的格式

样式第 12 号　　受理年月日

地区负责人	统计负责人	医疗负责人

救助变更申请书（伤病报告）

1. 医疗　2. 医疗材料　3. 手术（正骨）　4. 康复理疗（按摩・推拿、针灸・灸术）　5. 移送

病例编号	－

患者姓名	（　岁）男・女	居住地	
户主姓名		现在受助种类	生・住・教・医・其他
申请种类	1. 医疗（①门诊 ②住院 ③出院 ④转院 ⑤养老机构入住・离开・____ ⑥其他）		
病状及病因			
申请种类	2. 治疗材料　3. 手术（柔道正骨）　4. 康复疗法（按摩・推拿、针灸・灸术）　5. 移送		
给付内容			
主诉及病因			

如上所述，根据社会救助法申请救助变更。

年　　月　　日

（收件人信息）　市福祉事务所所长

申请者　住所　　市　　町　丁目　　番　　号

番地

姓名

（与患者的关系　　　　）

附录表 6　　临时救助申请书的格式

临时救助申请书

受理年月日　　年　　月　　日

现住所	市　　町　　丁目　　番　　号 番地					
家庭成员情况	人员	姓名	亲属关系	性别	出生年月日	职业	工作地・收入
	1		户主	男・女	・　・		
	2			男・女	・　・		
	3			男・女	・　・		
	4			男・女	・　・		
	5			男・女	・　・		
	6			男・女	・　・		
	7			男・女	・　・		
临时救助申请理由							

如上所述，根据社会救助法申请临时救助。

年　　月　　日

市福祉事务所所长　先生

申请者　　住所　　市　　町　　丁目　　番　　号

番地

姓名

（与户主的关系　　　　）